經典修訂版

我需要你的愛。這是眞的嗎？

I Need Your Love——Is That True?：
How to Stop Seeking Love, Approval,
and Appreciation and Start Finding Them Instead

「一念之轉」創始人寫給你的痛苦解脫書

拜倫・凱蒂 Byron Katie　麥可・卡茨 Michael Katz——著
陳曦——譯

目錄

第六章　各種人際關係問題的轉念作業　129

第七章 假如我的伴侶有缺點呢？ 193

推薦序・一本讓你與自己、與他人的關係更加圓滿的書

許瑞云

診間常有人要我推薦好書，其中我最常推薦的，就是這本《我需要你的愛。這是眞的嗎？》。本書的中譯本其實已經絕版了，後來我請求出版社重新出版。很謝謝方智出版社費心跟擁有本書版權的國外出版社洽談，幸運地再度取得出版權，才有機會讓此書中文版重新問市。

心靈的痛苦常常會反應在身體的病痛上，而多數的痛苦都跟我們卡住的念頭有關，像是希望被愛、被認可，或是期待我們的家人、朋友能夠有所不同等等。一旦我們懂得轉念，能夠看清楚的話，無論是跟伴侶、父母、友人或同事的關係，都會開始改變。畢竟眞正讓我們感到壓力和痛苦的來源，是自己的想法，而不是他人的行爲。一個人最親密的關係，是和自身想法的關係，如何與自己的想法相處，決定了一個人生活中的一切，包括與他人相處的模式。

不妨問問自己是否常有下列念頭。當我們帶著這些念頭時，我們是如何跟自己、跟對方

相處呢？我們和自我及他人的關係，會因此變好還是變差呢？如果我們放掉下列這些念頭，又會變得如何呢？我們和自我及他人的關係，又會有什麼不同？

如果你愛我，就會照著我的要求去做。
我的太太／先生對我要求太多。
我老公／老婆對於改善我們的關係毫不在意。
我丈夫在性方面要求太多。
太太／先生／爸爸／媽媽不給我無條件的愛。
我需要丈夫／妻子了解我。
我的女朋友／男朋友不該離開我。
我不可愛。
她／他不該如此痛苦。
我父母應該要愛我、欣賞我。
我應該是他唯一的愛。
我的情人應該和我做愛
沒有我的男朋友（女朋友）／先生（太太），我什麼都不是。

我想要很多很多的認可。

我父親／母親對我很不好，他／她不是個稱職的父親／母親。

如果說實話，我就會失去伴侶。

我丈夫／太太應該回歸家庭。

我厭倦忍受伴侶的缺點。

如果我的孩子死了，我就活不下去。

在還沒有解開那些痛苦的念頭時，即使不斷地去按摩、泡澡、做SPA，用最好的精油，想盡辦法寵愛自己，只要結束抒壓的行程，回到日常生活時，同樣的念頭又會再度纏住我們，讓人深感焦慮、痛苦、不安。

只有轉念去看清楚，願意深入自己的內在，去找尋答案，並且勇敢地擁抱事實，我們才能夠真正地從痛苦中解脫。

本書作者拜倫・凱蒂是個帶著正知正見的開悟者，總能輕鬆化解周遭人的煩惱，讓人撥雲見日。前述的各種痛苦念頭和感受，凱蒂在書中一一列舉，並且帶著讀者去看到更真實的全貌。

除了教讀者如何翻轉痛苦的念頭外，本書也提供很好的方法，讓我們學會如何去清除愛自己的障礙，包括清理讓我們感到羞恥的事，或是那些不想讓人知道的事情。

願此書能帶著大家走出痛苦煩憂，讓我們跟自己或跟他人的關係，都更加圓滿歡喜。

（本文作者爲花蓮慈濟醫院能量醫學中心主任、《哈佛醫師心能量》作者）

推薦序．我是我最終的愛

吳家芸

我二十九歲時認識了拜倫．凱蒂，當時我在事業上有不錯的成就，是美國百萬圓桌的會員，但身心方面卻面臨了罹患乳癌、腦下垂體腫瘤，以及原生家庭和婚姻上的種種考驗。就在這樣的非常時期，我接觸到凱蒂，跟著她操練轉念作業。

轉念作業就這樣成爲我生命中的良師益友，一路陪伴我至今。它的確是一套既簡單又威力十足的工具，因此，多年來我一直積極地推廣它。在《我需要你的愛。這是眞的嗎？》這本書中，凱蒂同樣採用了轉念作業這套工具，相信對心靈受到束縛的朋友將會有很大的幫助。

其實，平靜和喜悅一直都在等著我們，只要我們停止向外討愛，轉而從自身來汲取愛、肯定、認可和自我讚賞，就能回到內在平安的「家」。

只要你願意開始使用拜倫．凱蒂提供的這套工具，讓它成爲生命中的良師益友，安安靜靜地坐下來，提起筆，逐一回答她設計的「六道問題」，接著再反問自己「四個問句」，並且進行反轉，就可以讓那些驅使你必須向外去乞求愛、肯定、認可和讚賞的隱藏性信念暴露在陽光底下，幫助你從缺乏愛與讚賞的痛苦中解放出來。

轉念作業這套方法可以讓人找出導致憤怒、怪罪、自憐等負面情緒的盲點，並且進一步將人際關係的種種挑戰轉化成機會和禮物，藉此平衡我們的生命，回歸心靈的安寧，更能夠體會到生活當中的所有事件並不是衝著我們來的，而是爲著靈性成長的需要而發生的。

就我的經驗，每當我的動機是爲了從對方身上獲得愛與讚賞時，我的所言所行就會去附和對方的需求。然而，爲他人而活的結果，不但因此失去了眞我，同時也無法從對方身上得到自己渴求的愛。反之，如果我不去向任何人索求愛，就能夠感受到眞誠的自我，贏得內心的平靜、自在和喜悅。

以我自己爲例。幾年前，我曾經一個人獨自遠行，等到我返家後，卻意外發現我的伴侶居然有了外遇。當時的我既憤怒又痛苦，但我還是敦促自己拿出紙、筆，依照拜倫．凱蒂的指示塡寫六道問題，並回答四個問句，同時反轉念頭。就這樣整整做了三個月的轉念作業，讓我看見以下這些折磨我的信念：

- 我的伴侶不應該背叛我。
- 一個人孤單地過日子是很寂寞可憐的。
- 因爲我不夠好，他才會有外遇。

．他不愛我了，所以才會去愛別人。

拜倫．凱蒂總是提醒我們：「天底下只有三種事：我的事、他的事和神的事。」在持續做轉念作業的過程中，我不斷地問自己：「他有外遇是誰的事？」也明確地了悟到：「他有外遇是他的事。」因爲那是他的人生，他有權選擇。而我對他有外遇感到憤怒和痛苦則是「我的事」，起因於我想要操控他的愛。我相信我對他付出愛，他也必須回饋我愛與讚賞，因此我的愛是有條件的；當我的渴望與事實不符，就讓我陷入了失落和悲傷之中。

這三個月的轉念作業讓我最終能夠懷著平靜和感恩的心情和他道別，並且由衷地祝福他。直到今天，我們仍然是好朋友。

現在的我眞正體驗到我是我最好的伴侶，因爲我不再把注意力放在別人身上，我想要的愛和讚賞在我自身已經具足。而透過這次情感創傷的機會，我療癒了自己長久以來對兩性關係錯誤的隱藏性信念，也改善了和親朋好友之間的關係。

《我需要你的愛。這是眞的嗎？》一共有十二章，都是在處理人際關係當中的愛、肯定、認可和讚賞等信念問題。如果你的痛苦來自婚姻，我會建議你從第七章和第十二章開始讀起。

當你體會到一切痛苦的根源都是來自尚未審視的信念，並且循著四個問句往內心深處去挖掘，讓答案自然浮現，接著反轉念頭，你可能會發現那些根深柢固的信念開始鬆動了。只要不再執著於舊信念，你的人生也會有新的轉機。

最後，我想引用拜倫．凱蒂說過的話：「如果我要祈禱，我會說：『神啊，免除我對愛、認可或讚賞的渴望吧，阿們。』」我由衷地祈禱，透過本書的實例和兼具慈悲與智慧的方法，能夠引導你認清那些關於愛的盲目信念，從「別人需要給我愛」與「互相討愛而彼此指責」的幻象中解脫出來。

感謝這本書的誕生，也謝謝你的參與。因著你清晰的洞見，撫平你自身「愛的傷痕」，並藉由愛自己來給出愛，也將爲這個世界帶來愛的療癒。

（本文作者爲轉念作業國際認證協導師）

推薦序．事實比我們想像的慈悲多了

賴佩霞

天啊！面對自己是多麼不容易的事，每個人幾乎無時無刻不在想盡辦法要更美化自己，希望不斷朝向「理想我」發展，想跳脫人性的貪、嗔、痴都來不及，有幾個人眞的願意看清楚自己內在的眞實狀態？一想到自己離完美還那麼遙遠，教人更加沮喪。

你可以嘗試在一個人靜下來的時候，聽聽自己腦袋裡流竄著什麼樣的嘀咕、什麼樣的內容、什麼樣的畫面。你會發現，讓你煩躁、不安、焦慮、痛苦的，可能不是別人，而是那些穿梭在你自己內心的想法與信念。可以去想像那些無法獨處、也不喜歡獨處的人，如果你也一樣相信了他們的念頭，日子鐵定一樣艱辛。

有幾個人跟自己在一起時是快樂、自在、輕鬆的？你知道那些幸福、成功的人，內在浮現的都是什麼樣的語言、畫面？

我們在逃避什麼？逃避誰？

覺醒不難，最難的是誠實。曾經有一份雜誌的女性發行人要我給女人一句話，我說：「眞實地面對自己。」該雜誌的男性主筆脫口而出：「那太難了。」是的，不只女性，對男性也一樣，特別是對一些有身分地位、有學問的人來說更是艱難。誠實需要莫大的勇氣與信任，還需要有一探究竟的熱忱。

因爲出版業的蓬勃發展，各方智者、聖者循循善誘要我們從惡夢中覺醒。其實，夢魔就是我們緊抓著的那些自以爲是、損人不利己的內在想法與聲音，如果眞看懂了，就有如大夢初醒般豁達。假如眞的渴望離苦，很簡單，請檢視自己的煩悶、痛苦，看清楚它的眞相。一旦誠實面對，覺醒自然就會發生。因此我說，覺醒一點都不難。我們已經讀過太多偉大著作，也聽了太多解脫之道，現在是體現的時候了。只有實踐所學，才會受益、得道。

認識凱蒂多年，她的轉念作業的確讓我受益匪淺。她鼓勵人們面對那些令人痛苦的念頭，透過練習，最後終將了解痛苦只是一層薄薄的思想，像一條盤旋在腦海裡的草繩而已。實相有待你進一步查證，只要你願意誠實面對，就會發現，事實遠比你頭腦所想的慈悲多了。

（本文作者爲身心靈作家及講師、《我想跟你好好說話》作者）

推薦序・想得到愛，有一種容易許多的方法

約翰・塔蘭特

本書作者最引人注目的，是她對愛的洞見，以及她傳授的、教人如何去愛的方法。書中將詳細介紹她非凡的發現，讓你知道這個方法是如何進行的，然後你會驚訝地看到，它是那麼顯而易見，如果你願意在生活中實踐她教導的方法，你的生命將徹底改變——我的生命就是這樣變得不同的。

爲了避免你認爲凱蒂有什麼過人之處，才讓她得以做到你做不了的事，稍微了解一下凱蒂的背景對你也許有幫助。看到她跟你並沒有什麼不同，你會知道，她教導的方法對每個人都有用，尤其是你。凱蒂的一生和大部分人一樣，平凡而普通，其中既有艱難困苦，也有喜悅成功；既充斥著錯誤的判斷，又飽含清晰的智慧。

在那些古老的故事裡，當智者走出沙漠，回到人群時，頭髮通常都留得很長，還穿著長袍——沙漠裡的人其實都這樣穿——然後迫不及待想跟大家分享他們的發現。在今天的美國，這樣的智者也許看起來更加平凡，例如，他們可能留著蓬鬆的頭髮和長長的指甲，還曾經是

個房地產商人。拜倫．凱薩琳．米切爾（大家都叫她凱蒂）就是這樣的一位智者。她做過房地產生意，儘管髮型不再蓬鬆，而且穿的是簡潔的女性服飾，不是長袍，她仍然忍不住要跟大家分享她的發現。

凱蒂確實來自沙漠，她來自巴斯托。在故事開始之前，讓我先介紹一下這個沙漠小鎮。巴斯托位於南加州的莫哈維沙漠，是進入亞利桑那州之前的最後一站。它緊鄰一個空軍基地，鎮裡有鐵軌穿過，而鄰近沙漠的地方有一排排整齊的房屋，各家門前的花園裡盛開著軍眷們栽種的花草。即使按照沙漠的標準，莫哈維也算是荒涼的，連多刺的仙人掌也沒有，但如果仔細觀察，你會發現它眞的很美。黃昏時分，如果你和凱蒂一起在莫哈維散步，溫暖的風會輕柔地撫摸你的臉龐和身體；落日餘暉下，岩石呈現出深深淺淺的顏色——褐色、黃色、黑色和紅色，投在沙漠上的陰影，則透著隱隱的藍。也許凱蒂會帶你翻過山谷，到有地下水涓滲出的地方，然後，你可能會開始覺得莫哈維沙漠是仁慈和藹的，並且相信凱蒂說的：沙漠是她的老師。

凱蒂的故事雖屬個人，但也是每個人都會遇到的故事。她擁有一個幸福的家庭，有三個小孩、一個愛她的丈夫和一份事業，然後，她開始變得不快樂。一開始只是有些憂鬱，慢慢地，憂鬱不斷加重，接著突然發展成極其嚴重的憂鬱症。她胖了很多，開始酗酒，變得充滿憤怒和恐懼，每晚都要枕著左輪手槍睡覺——雖然枕著手槍睡覺在巴斯托不像在舊金山那麼稀奇，她的家人卻覺得非常不安。凱蒂依然繼續著自己的事業，可是在其他方面，她變得十分無助，覺得自己的生命毫無價値。到目前爲止，這還只是非常普通的故事、非常普通的痛苦——儘管很劇烈。就好像你漫無目的、渾渾噩噩地過日子，直到有某個東西給你當頭棒喝，引起你的注意。

一個故事最吸引人的部分，通常始於主角從馬上摔下來那一刻，凱蒂的故事也是如此。她的危機十分嚴重，嚴重到無法自行化解；她陷得那麼深，以至於家人都懷疑她瘋了。後來，她住進一家飲食失調治療中心，因爲那是她的醫療保險公司唯一願意付費的療法——這是此故事中一個很不錯、很現實、很有美國味的細節。不過這個荒謬的做法倒是幫了她的忙。進去沒多久，她所有的瘋狂舉動都停止了，但幫助她的既不是心理治療，也不是藥物——某天早上她睜開眼睛，從睡夢中醒來，她眼中的世界就這麼天翻地覆，而她的心也變了個樣。就像《聖經》裡的保羅在前往大馬士革的路上受到神的感召一樣，她的生命從此截然不同。那年是一九八六年。

那是一種無法解釋、突然發生的劇烈轉化，在東方被稱爲「開悟」。突然間，一切都反轉了過來：過去她充滿恐懼與絕望，現在則時時刻刻感受到愛與仁慈。所有人都被她的轉變嚇呆了，尤其是她的小孩。他們說，她的變化就像黑夜和白天一樣分明，他們立刻意識到從此再也不必怕自己的母親了。突然間，她變得非常慈愛，傾聽他們，不再憤怒；她爲他們的生命感到喜悅，這讓他們也變得欣喜。

但到底是什麼改變了呢？凱蒂有個非常簡單的發現。她注意到，過去她對自己的念頭一直深信不疑，而正是那些念頭把她嚇個半死。然後，就在她不再相信自己的念頭那一剎那，她的世界戛然而止，內在的衝突和恐懼消失得無影無蹤。她立刻對那些陷在同樣痛苦中的人感同身受，想要向大家解釋她發現了些什麼。這種連結與愛的感覺，正是一個幫助他人的方法的開端。

下面是凱蒂自己的說法：

我非常清楚、明確地了解到，一切都跟我以爲或相信的恰恰相反；我對事物的看法和它們的本來面目完全顛倒，我總是用「我認爲事情應該怎樣」的故事來反應——「我丈夫應該更誠實」「我的小孩應該更尊重我」等等。現在我發現，我一直在現實狀況上附加條件，而不是去面對眞正發生的事情，彷彿我有能力支配現實一樣。

現在我很清楚，事情的眞相和我認爲的恰恰相反。我的丈夫不應該更誠實——因爲他不是。我的小孩不應該更尊重我——因爲他們沒有。我立刻成了一個熱愛現實的人，而我察覺到，這樣對我來說更自然、更平靜。

至於其他方面嘛……快樂的時候你會怎樣過日子？從外表看來，凱蒂的生活在某些方面確實有了很大的變化：她瘦了，然後她的憤怒和悲傷消失了。另外一些方面的變化則好像沒什麼不尋常的：她再婚了。她和兒女的關係變得很好、很親密，孩子們都過著平凡的生活——她女兒有兩個小孩，凱蒂講過她看著他們出生的故事；她的一個兒子喜歡騎越野機車，在洛杉磯製作很酷的搖滾樂；另一個則是電工，有三個小孩，喜歡家庭生活。

徹底發生變化的是凱蒂的職業生涯。自從她的世界戛然而止之後，每個遇到她的人都能感受到她身上散發出的生氣與臨在，於是巴斯托的人開始談論這位「散發光芒」的女人——彷彿她體內真的有光。人們開始向她傾訴自己的痛苦，她則把他們帶回家，請他們吃飯或喝茶。然後，她會讓他們坐在沙發上，寫下那些讓自己痛苦的想法。接著，她開始向他們問一些問題，就從「親愛的，這是真的嗎？」開始。凱蒂從來不告訴別人應該怎麼做或應該相信什麼，他們是自己回答那些問題的。然後，一個接一個地，人們的生活改變了——有些變得很快，有些則是慢慢改變。

從這個關乎個人的開端，凱蒂的教導隨著她被邀請到加州其他地方，然後到世界各地，而流傳開來。她幾乎到過世界各個角落上課——從日本的大阪到南非的開普敦，還包括聖城耶路撒冷和聖昆丁監獄。成千上萬的人學會了凱蒂的方法，然後他們又把自己學到的教給身邊的朋友，這使得她的東西傳播得更廣。她教導的方法和一開始時相比幾乎沒什麼變化，只是現在她已經沒那麼多時間爲大家做飯了。她還是很自然地稱呼每個人「親愛的」或「寶貝」，這是她對人們溫柔的祝福。她所做的就是和某人坐在一起，讓他寫下爲他帶來痛苦的想法，然後提出她那些問題。凱蒂總是從某人對他人的想法開始，那些想法通常都與希望得到他人的愛、認可、欣賞或讚美有關，也就是人們在工作或家裡與人相處時會產生的那些彼此糾纏的感受。凱蒂的智慧深入人心，爲人們的心靈帶來仁慈與清明。如果你對「開悟」有興趣，她提供的是一個不必去寺廟或沙漠就可以開悟的方法。她的那些問題幫助我們整合自己與生俱來的智慧——那是在我們沒有恐懼和憤怒時原本就擁有的智慧。

凱蒂是這麼描述自己的發現的：

我的生命就像下面這則寓言：在一個風和日麗的日子裡，我進入莫哈維沙漠，邊走邊想自己的事，突然間，哇，我的天哪！一條巨大的莫哈維綠色響尾蛇就橫在我眼前的路上。我差點一腳踩到它！這兒方圓數哩內都沒有人，我可能會在痛苦中慢慢死去。我的心在狂跳，好像快從胸口蹦出來了，汗水沿著我的眉毛往下滴落，我害怕得動彈不得。

後來不知怎的，我慢慢回過神來，壯起膽子又看了那條蛇一眼。啊，謝天謝地！我發現**那是一根繩子！那條蛇是一根繩子！**噢，我跌坐在地上開始大笑，接著又哭了起來，然後就是接受這個事實。我甚至戳了它一下。

> 到底是怎麼了？我只知道一件事：我安全了。我知道我可以站在那根繩子上面一千年，再也不會被它嚇到。我覺得無比感激和輕鬆，哪怕全世界的人都被這條蛇嚇得尖叫著跑開、嚇得心臟病發作、嚇得要死要活，我依然可以毫無懼色地待在這裡，把這個好消息傳下去。我了解人們的恐懼，看見他們的痛苦，聽著他們述説爲什麼那眞的是一條蛇，然而，我絕不可能再相信他們，或者再被那根繩子嚇到。這簡單的眞相已經烙在我心上：**那條蛇是根繩子。**

凱蒂的意思是，你有多痛苦並不重要，重要的是你有沒有開始質疑那些痛苦背後的念頭。你的心裡一定有某樣東西被你誤認爲響尾蛇，但它實際上是根繩子。與人際關係有關的困惑都是同一種恐懼的不同形式，那種恐懼就是：如果沒有他人的愛或認可，你就無法快樂或無法生存；如果你沒有一天二十四小時都在努力討好你的上司、你的伴侶、你的同事，事情就會搞砸。而凱蒂讓我們看見，想要得到愛，其實有另一種不那麼不顧一切、容易許多的方法：

> 我如何幫助那些把繩子當成蛇的人呢？我幫不了他們。他們必須自己領悟到那是繩子，不是蛇。他們可以相信我説的話，因爲他們希望那是眞的，但在自己看見眞相之前，他們心裡永遠會相信那繩子是條毒蛇，他們正處於危險中。

我們的念頭就像那些被誤認爲蛇的繩子，而轉念作業針對的就是心裡的蛇——那些妨礙我們去愛，也妨礙我們感受到愛的念頭。我可以看出人們心裡那些沒有愛、充滿壓力的想法都是繩子，而轉念作業就是要幫助你發現，你心裡的那些蛇，眞的全都是繩子。

凱蒂最了不起的發現是，當你眞正開始質疑自己的念頭，你將了解到這個世界比你過去想像的要仁慈許多，所以你完全沒有必要在恐懼中入睡，在焦慮中醒來。當你眞正開始留意時，你會發現這個世界充滿了愛，沒有什麼不沐浴在愛中，也沒有誰缺乏愛的滋養。

（本文作者爲《鹽官犀扇：令人喜悅的禪宗公案》作者）

前言・這本書是這樣來的

麥可・卡茨

「哇，眞不可思議！」這是我第一次遇到拜倫・凱蒂時的感想。我不確定我遇見的是什麼——是迪士尼經典名片《歡樂滿人間》裡面的仙女和禪宗大師的綜合體嗎？一個生氣勃勃、敏銳、慈愛、機敏、愉快的女人。我本來打算跟她討論擔任她出版經紀人的事，但我完全無法照計畫進行，因爲我們笑個不停，完全沒有機會談「正事」。我們的男主人還一度笑得從沙發跌到地上。

儘管我對凱蒂質疑念頭的方法所知有限，但我覺得它似乎改變了一切。我們笑著討論如果人們質疑自己的信念，那麼政府、教育和婚姻會變成什麼樣？我對這場談話的興趣比出版一本書更大，不過那本書——《一念之轉》——最後終於問世。許多年過去了，我仍然被那次談話的深遠含意感動，而且現在和凱蒂聊天時，我還是沒辦法照計畫進行。

一年中的絕大部分時間，凱蒂都在各地舉辦各式各樣的工作坊。在她的工作坊裡，她不會講解太多，而是要大家相信她的那些問題，並且示範如何做轉念作業。她用好奇而友善的

「這是眞的嗎？」，來面對學員浮現的每個痛苦、憤怒或悲傷的念頭。她的溫暖和接納讓她不必解釋太多，就能使對話繼續下去。

當凱蒂請我協助她寫這本書時，我覺得自己應該像個辛勤工作的人，認眞仔細地推敲和檢查每一句話。為了確保每段話之間的連貫和清晰，我會不時加上一段解釋或一個練習，還會忍不住在某些地方指出凱蒂通常不會直接談論的內容。比方說，身為出版經紀人，我常常會去留意時下流行的自我成長書籍，而根據我自己在生活中應用轉念作業的經驗，我發現最有效的做法似乎和那些書的建議恰恰相反。我把這部分內容也加了進去。儘管我不認為凱蒂讀過任何一本自我成長書籍，但她聽我描述那些內容以後，不禁放聲大笑。

在添加的解釋和銜接部分，我寫了一些凱蒂不會寫的內容。當她讀到那些東西時，顯得非常興奮，還跟我交流了她對那部分內容的評論和想法。我們透過電子郵件來來往往地討論那些段落，也常常碰面，結果這本書的部分內容形成一種混血風格，就像由火箭推動的自行車一樣。

我希望你會像我一樣，試騎一下這輛自行車，用凱蒂的那些問題問問自己。當你這樣做的時候，眞的無法形容會發生什麼事。

導讀．不再追求愛與認可，而是開始發現它們

每個人都同意愛是美好的，除了它讓我們痛苦的時候。人一輩子都在被愛逗弄，一輩子都在尋找愛、追求愛、努力抓住愛，或者努力淡忘愛。幾乎和「愛」同等重要的，是「認可」和「讚賞」。從小時候開始，大部分人就投入自己絕大多數的精力去追求這些東西，不斷地嘗試用不同方法去吸引別人注意、討好別人、讓人留下好印象，以及贏得別人的喜愛，以爲生活就該是這樣。這種對愛和認可的追求已經成爲一種固定不變、沒有爭議的行爲，讓人幾乎意識不到自己正在這樣做。

這本書詳細探究在尋求愛與認可時，哪些行爲有效、哪些無效。它將幫助你找出一條路，讓你不必費力去操控或欺騙，就可以更快樂地沉浸在愛裡，更有效地處理好自己和他人的關係。你在這裡學到的東西，會讓你在愛情、約會、婚姻、扶養小孩、工作和友誼等所有人際關係中獲得滿足。

在閱讀本書的過程中，你會開始注意到，你的想法之中有多少是跟尋求愛與認可有關——這是大部分人終其一生都未能意識到的。光是注意到它們，你就能學會一種與自己的念頭相

處的全新方式。這會徹底改變你與自己，以及與你生命中重要的人之間的關係——伴侶、子女、父母、上司、同事、員工、朋友等等。你不必學習新的方法去自欺欺人地表現自己；相反地，你會對你在本書中發現的事情感到驚喜，還會被它們逗樂。

如果此刻你在尋求愛與認可的過程中遭受了挫折，正處於痛苦之中，那麼這本書裡的練習會對你有所幫助。當你是爲了發現眞相，而不是爲了消除痛苦而去做那些練習時，它們將發揮最大的功效。如果你可以找到眞相——對你而言的眞相，而不是別人的——你的痛苦很快就會減輕。

這不是一本給人建議的書，相反地，它問了你一些問題，讓你去面對你到目前爲止可能從未思考過的那部分人生。這種認識自己的方式很有趣，你往往會在最意想不到的地方突然有了啓發，突然找到快樂。你所要做的，只是誠實地回答那些問題。如果你眞心地給出答案，你會自己找到你一直想要的東西，而且發現你毫不費力就能得到。許多人光是閱讀這本書就能找到。

有個方法可以了解這本書會帶給你什麼樣的經歷。想像一個微笑。先想像一個刻意的微笑，那種你認爲應該笑的時候所做出來的微笑，例如爲了照相。那樣的微笑在某些場合是有用的，它試圖向別人傳達友善。

現在想像一個自然發生的微笑，那種不帶任何目的、無法假裝，也沒有說明書教你怎麼做的微笑。我們都喜歡這種自然而然的微笑，一看就知道它發自內心。這種微笑無論在哪裡都會受到歡迎。

即使你很少允許自己自然而然地微笑，但你知道它就在你內心的某處，隨時準備爆發出來。它來自你和自己愉快的對話——一旦了解這一點，你生命中與別人有關的一切都會改變。你將要讀的這本書會把你帶入那樣的對話中，而如果你願意，它還會幫助你自行發展出這種與自己的對話。

第一章　你相信自己的念頭嗎？

你最親密的關係，是你和自身想法的關係。你如何與自己的想法相處，決定了你生活中的一切，尤其是你與他人相處的方式。如果你對那些讓你緊張的念頭深信不疑，你的生活將充滿壓力；但如果質疑自己的想法，你將開始愛你的生活，以及生活中的所有人。

你有沒有發現，越是努力尋找愛，好像越找不到？或者，追求認可反倒讓你失去了安全感？如果你有過這樣的感覺，那並非偶然，因爲追求愛與認可，必定會讓你無法覺察到這兩者。不過，你只會失去對愛的覺知，卻不可能失去愛本身，因爲愛是我們的本性。那麼，既然我們就是愛，爲何還要費力尋找，還常常找不到？那是因爲我們相信了自己的想法——那些不眞實的念頭。

你不必相信上面說的這些。在閱讀本書的過程中，或者當你用書中介紹的四個問句來探究自己的人際關係，或質疑你是否眞的缺乏這些關係時，你可以親自驗證這些話，並發現自己生命的改變。

在追求他人的愛、認可和賞識時，我們是怎麼想的？我們以爲他人的愛與認可是通往幸福王國的關鍵，有了這些，就能得到世上所有美好的事物；我們以爲追求愛情會帶來愛、性伴侶、長久的親密關係、婚姻和家庭；我們以爲努力讓人留下好印象、贏得相關人士的讚賞，是帶來名聲、財富和滿足的最佳途徑。

所以我們想，如果追求成功，就會像回到家一樣，覺得安全、溫暖、被人珍視。萬一失敗了呢？我們將無家可歸、被人冷落、在人群中消失，沒有人注意到，就這樣孤零零地被人遺忘。如果這些就是成敗的賭注，難怪整個追求的過程會讓人如此恐懼、如此筋疲力竭；難怪一句讚美就可以讓你開心一整天，一句批評就會讓你的一天毀了。

這個巨大的原始恐懼極少浮現，很少有人成天都在擔心自己將被社會淘汰，就此消失。不過，無數個焦慮不安的念頭卻一天到晚冒出來：「有人注意到我嗎？」「她爲什麼不笑？」「我有給人留下好印象嗎？」「他爲什麼不回我電話？」「我看起來還好吧？」「我是不是應該那樣說？」「他們現在對我有什麼看法？」透過這些念頭，我們持續不斷地監視自己在「認可大賽」中是占優勢或失利。這些小小的疑慮鮮少被注意或質疑，卻讓我們用盡千方百計想要贏得好感和讚美，或者僅僅爲了討好別人。這其中未言明的信念是：除非得到認可，否則你毫無價値。

諷刺的是，這些爲了贏得愛與認可所做的掙扎，反而讓人很難體驗到它們。慣於追求認可的人不了解，他人的愛與支持並非「努力」得來的；而他們越是拚命追求，越不可能注意到。

我們是如何陷入這困境的？接下來我要花一些篇幅讓大家看看，這些未經質疑的想法如何影響我們、塑造我們的經驗；這些常被忽視的念頭怎樣讓我們一直需要、想要、渴求及努力爭取自己早已擁有的事物。就從總在凌晨三點襲來的那股焦慮背後的想法開始吧。

凌晨三點的念頭：我覺得自己無依無靠

你突然在半夜醒來，瞄了一眼鬧鐘，眞希望自己仍在熟睡。一個念頭出現了：「我會遭遇什麼事？這是個冷酷無情的世界，我不知道自己該怎麼辦。」這些念頭是你昨晚看的一個基金廣告引起的，但你沒意識到。接著出現在你腦海中的想法，則來自一捲你已經忘得差不多的勵志錄音帶：「這世界上沒有什麼『保證』，除非自己努力，否則什麼也不會發生。」這個念頭稍稍激勵了你，但接著你想起依靠自己並未替你帶來什麼，不由得感到洩氣。「我需要的很多，卻沒有太多資源可以獲得我所需的事物；我的生存能力不太好，基本上都是裝出來的。我多麼孤單、無助啊！」但下一個想法爲你帶來一絲希望：「如果我能從親朋好友那裡得到更多愛、如果有一個人眞的很喜歡我、如果我的老闆眞正相信我，我就不會如此焦慮不安，而是覺得心裡有依靠，覺得自己受到他人的支持。」

「不努力就不會得到任何支持」是許多未經質疑、常被忽略的信念之一，這些信念啓動了對於愛和認可的追尋。現在讓我們暫停一下，去探索相反的信念吧。

檢視白天的現實：一切事物都支持著我

你知道此刻是什麼在支持著你的存在嗎？

就從最淺顯的說起吧。假設你吃完了早餐，坐在你最愛的椅子上，隨手拿起這本書——你的脖子和肩膀支持著你的頭；你胸口的骨頭和肌肉支持著你的呼吸；你的椅子支持著你的身體；你腳下的地板支持著你的椅子；地球支持著你住的房子；許多恆星和行星使地球沿著軌道運行；而窗外有個男人牽著狗在街上散步，你確定他沒有「參一腳」來支持你的存在嗎？或許他是在為你提供照明的電力公司工作，每天都在他的小隔間裡整理檔案。

你在街上見到的那些人，以及無數在幕後工作的手和眼睛，你能確定其中有任何一個人沒有支持你的生存嗎？同樣的問題也適用在你之前的無數代祖先，以及跟你的早餐有關的各種動植物身上。有多少不可能的巧合，讓你此刻得以身在此處！

讓我們再探索一會兒。環顧四周，你能確定有哪樣事物**沒有**參與支持你的存在嗎？現在再看看你凌晨三點那個「不努力就不會得到任何支持」的念頭，此刻，「即使沒有努力，一切事物也都支持著我」這句話，是不是更符合事實？你坐在椅子裡，什麼都沒做，卻被全然地支持著，這就是證明。

一切事物都在支持你，無論你有沒有注意到，無論你是否想過或是否理解，無論你愛或恨那些支持你的事物，無論你是快樂或悲傷、睡著或醒著、積極或不積極。它們只是支持著你，不求任何回報。

此刻你坐在椅子裡，請注意，當你呼吸時，你並不是在**做呼吸這件事**，而是正在**被呼吸**。你甚至不必意識到這件事、不必記得呼吸，因爲那也是被支持著的。你生存的需求也許錯綜複雜，但它們全都得到了滿足；當下，你既不需要什麼，也不必做些什麼——留意一下，當你這樣想時，感覺如何？

現在，想一下你**沒有**的東西。我相信你一定可以想到些什麼……

將你踢出天堂的念頭

把你一腳踢出天堂的念頭可能是：「假如有個枕頭就更舒服了。」或「如果我的另一半在這裡，我會更快樂。」

沒有那個念頭時，你身處天堂——就只是坐在椅子裡，被支持著、被呼吸著；而當你相信那個「少了點什麼」的想法時，你體驗到什麼？一開始，它的影響可能很輕微——當你的注意力從自己已經擁有的事物上移開時，你只感受到些許不安；但隨著注意力轉移，你放棄了坐在椅子裡所擁有的平靜。你本來想追求舒適，結果卻讓自己不舒服了。

如果眞的去拿了個枕頭來會怎樣？或許有用（假如你有枕頭的話），你可能會發現自己又回到了天堂——枕頭也許就是你需要的東西。或者你會拿起電話，說服另一半來陪你（如果你有伴侶的話），而他或她可能眞的來了。你也許會更快樂，也許不會，在此同時，你原先坐在椅子裡所感受到的那份平靜，已經不復存在。

將你踢出天堂的念頭不一定跟舒適和快樂有關，也可能是「如果……我會覺得更安全」或「要是可以一直這樣就好了」之類的想法，或者你只是想要杯咖啡。大部分人都忙著「改善」，以至於根本沒注意到自己已經走出天堂了；無論他們身在何處，總是有某人或某事可以更好。

那麼，該如何回到天堂？首先，請注意那些將你帶離天堂的念頭。你不必對自己的想法照單全收——頭腦想什麼，你就信什麼——而是要去熟悉那些**你**用來剝奪自身快樂的念頭。以這種方式認識自己，一開始看起來或許有點怪，但熟悉了自己那些充滿壓力的念頭，將爲你指出回家的路，那裡有你所需的一切。

“天堂：「眞好，我可以永遠待在這裡。」
地獄：「這還不夠好。」”

開始了解自己

當你開始注意自己的念頭，首先會發現的事情之一是：你從來就不是獨自一人。跟另一半或其他任何人在一起時，你並非單獨一人，甚至連跟你自己在一起時都不是。無論你去哪裡、跟誰在一起，你腦子裡的那個聲音都跟隨著你，低語、嘮叨、慫恿、評判、喋喋不休、羞辱你、讓你內疚，或者對你大吼大叫。早上，你的念頭跟你一起醒來，催促你下床，然後跟著你去工作。它們對你辦公室的同事和你在商店裡遇到的人品頭論足；它們跟著你去洗手間，和你一起上車，然後回家。無論家裡是否有人等候，你的念頭一定會在那裡等著你。

如果你害怕獨自一人，那就表示你害怕自己的念頭；如果你愛自己的念頭，那麼不管在哪裡，你都喜歡和它們獨處——坐在車裡時，你不一定非得開收音機；在家裡，你不必一定要打開電視。你和自己的念頭如何相處，將影響你所有的人際關係，包括你和自己的關係。

念頭就那樣出現了

你或許會問：「我腦子裡的那個聲音不是我嗎？不是**我**在想我的念頭嗎？」你可以自己回答這個問題——假如你頭腦裡的那個聲音是你，那麼**在聽那個聲音的又是誰？早晨醒來時，**

也許你有留意，當你意識到自己正在思考的那一刻，你已經被想過了。念頭就那樣出現了，並不是你把它們想出來的。偶爾，你或許會比自己的念頭還早醒來，頭腦快速轉了幾秒，想知道是怎麼回事，然後，世界就一點一滴在你的念頭中重新開始：「我是某某某，這裡是費城，在我身邊的是我老公，今天是星期二，我得起床去工作。」這個過程在你醒著的時候從不間斷，每時每刻，你的想法都在創造你的世界和身分。

> 你最親密的關係，是和自己的想法之間的關係。

關於愛，你的念頭是怎麼說的？

假如去傾聽自己的念頭，你或許會注意到，它們在告訴你愛能爲你做些什麼。例如，失戀後你覺得自己敏感脆弱，你的念頭可能會告訴你：你失去了；你被拋棄了、被拒絕了；你空虛、寂寞、不完整，只有愛才能讓你再次感覺美好。如果你心中充滿恐懼，渴望安全與保障，你的念頭也許會跟你說，愛能拯救你。而如果生命令人失望或毫無意義，許多人認爲愛也同樣可以解決這個問題。

此刻，檢視一下你的想法，也許你會從中得到啓發——請問問自己：你對愛有些什麼期望？列出五樣你認爲愛能帶給你的東西。

大多數人認爲，「愛」與「需要」是同義詞。「我愛你，我需要你」一直是眾多情歌用來吊人胃口的主題。

如果自問生命中眞正需要的是什麼，你可能會發現，它們和你想要從愛裡面得到的事物相同。終其一生，人要的都是同樣的東西，只是要的**方式**逐漸變得精緻、複雜而已：

媽—媽！

我的！

給我！

我要……

我需要……

請給我……

我需要你的愛。

在這段關係之中，你沒有滿足我的需求。

我需要你去……

沒有……我就無法繼續下去。

我的要求是……

跟你的需求有關的想法可能非常專橫，如果信了那些念頭，你會覺得自己得按照它們說的去做，也就是必須得到人們的愛與認可。

另一種回應念頭的方式是去**質疑**它。那麼，該如何質疑自己的需求？如何面對自己的念頭而不相信它們？

“我面對自己念頭的方式，跟我面對丈夫和子女一樣：以了解來面對。”

第二章　質疑自己對愛的想法

在質疑自己的想法之前，你不是在和別人或你自己相處，而是在跟那些你從未質疑過的念頭相處。這樣的生活令人十分痛苦，覺得自己和他人分離了。這一章要教你如何進行轉念作業，這是個審視自身想法的過程，將協助你發現自己的念頭對你來說是否為真，以及它們如何影響你的生活。轉念作業還將讓你體驗到，如果沒有那些念頭，你會是誰。這本書從頭到尾都在審視某些常見的、與人際關係有關的痛苦信念，然後看看它們是否為真。

尋求愛時的念頭和感覺

從念頭來檢視強烈的情感或痛苦——特別是與愛有關的痛苦——起初也許讓人覺得有些怪異，但如果你能慢下來觀察一番，你會發現總是有一個特定的想法引發了讓人緊張的情緒。對於愛的焦慮，就是由一些簡單而稚氣的念頭引起的，那些念頭人人都有，連九十歲的人也不例外。「我需要你的愛。」「如果沒有你，我就會迷失方向。」這類未經質疑的想法假裝將你引向愛，實際上，它們是通往愛的障礙。

心情不好的人有時會說，他們找不到那個讓自己不開心的念頭，只感覺到一股情緒湧上來，但這並不表示那個念頭不存在。比方說，你對他傾訴衷腸，他卻毫無回應，只是起身離開房間，留下你一個人坐在那裡，覺得彷彿世界末日。你心裡或許想著：「他對我沒興趣。」接下來你的念頭可能會變成：「我幹麼自討沒趣？根本就沒人在乎我。」

如果此刻你並不覺得不開心，那就回想一件過去曾讓你十分難受的事情，並讓自己安靜下來，允許過去的感覺重現。如果你很難受，而且似乎找不到那股情緒背後的念頭，可以試試下面這個方法：花點時間往內在走，前往感受最強烈的地方，讓自己沉浸在那個感覺帶來的身體覺受中。爲了你好，讓自己重新痛苦、難受一次，只是這次給它個聲音——如果感覺會說話，它會說些什麼？會對誰說？

不要著急，聽清楚它說的每句話，不然你得到的很可能是一些看似明智或仁慈的東西——你認爲自己「應該」有的想法——而不是心裡眞正有的那些令你痛苦的念頭。

比方說，你和一位新朋友外出旅行一星期歸來，而這次的旅行讓你大失所望。如果你眞實的感受是「你眞讓我失望」「你傷害了我」「你說謊」「你根本就不是你裝出來的那種人」，那麼，「我的期望太高了」這類理智的念頭就不是你要找的。你該尋找的，是你的眞實想法，也就是你那一刻在心裡像孩子般脫口而出的念頭。請你盡可能不加修飾地將它寫下來。

在痛苦或憂鬱中，常常有一些你抱持了很久、抱得很緊的念頭，你完全不知道它們的存在，所以也從未停下來問問自己是否眞的相信它們。

如果你停下來問一問，會怎麼樣呢？假使有一種方法可以檢視你是否眞的相信那些最困擾你的念頭呢？「轉念作業」（The Work）——也稱爲審視、檢查（inquiry）——正是這樣一種方法。剛開始，轉念作業似乎只是「方法」，但是當你審視自身想法一段時間之後，你會發現它變成一種習慣，成爲你處理念頭的自然反應。相信自身想法這件事似乎越來越「不自然」、不合常理，你明白那是愚弄自己的一種手段；你越來越清楚地看見轉念作業帶你回到現實。

那麼，要如何進行轉念作業，審視自己的念頭呢？

針對「尋求愛與認可」的轉念作業

在眞正介紹如何審視自己的想法之前，我們先來看看它的整個過程，讓你感覺一下。

這是眞的嗎？

找到那個讓你不舒服的念頭之後，第一步就是問自己它是不是眞的——往自己的內在走，以你所知的眞相來檢查，看看你是否眞的相信那個讓你難受的念頭。它與你所知的實際狀況相符嗎？絕大部分情況下，它都與現實不符。

沒有理由相信想法與現實相符。當你在生活中前行，心裡出現的那些念頭就如同毫無根據的瞎猜，只不過是一些模糊的企圖，想要弄清楚你的周遭和內在世界正在發生的事。在追求愛與認可時，你大部分的念頭不是在解讀你在乎的那個人的行爲，就是在猜測對方心裡想些什麼。

在某種意義上，每個念頭都提出了一個像這樣的問題：「是**這樣**嗎？」如果要準確表達某個跟我們對某件事的感知有關的念頭，可能會是：「我認爲他對我很無禮——是這樣嗎？」不過就像孩子一樣，我們傾向把注意力放在讓人警覺的部分——「他對我很無禮」——然後緊抓住這個想法，把它當作事實來反應。於是我們陷入痛苦，或者開始攻擊對方，而沒有去回答那個念頭裡隱含的問題：「他對我很無禮——眞的是這樣嗎？」（搞不好你對他友善地揮手時，他之所以沒回應，是因爲他沒有戴眼鏡而沒看見你？）

有這個想法時，你會怎樣？沒有了這個想法，你又如何？

任何一個不舒服或有壓力的感覺都是在提醒你：你相信了一個不眞實的念頭。在這個步驟中，你首先要檢查當你相信那個念頭時，發生了什麼事，細心留意它如何影響你的情緒和現實生活。比方說，如果你心裡想著：「喬治根本不在乎我。」仔細看看你是如何在那個想法的掌控之下生活的——那個念頭如何影響你？當你相信那個念頭時，你如何對待自己和他人（包括喬治）？你可憐自己嗎？你覺得受傷和憤怒嗎？你是不是因此覺得自己成了受害者？你是不是不理喬治並給他臉色看？你是不是會斥責同事或小孩？那個念頭會影響你的睡眠嗎？

接著想像一下，如果沒有那個想法（你不相信，或甚至無法想到那個念頭），你的生活會是怎樣？暫時不去考慮那個想法是否眞實，這裡的重點在於讓自己試著去體驗如果不相信那個念頭會怎樣。想像你正看著喬治，心裡沒有「他根本不在乎我」這個想法，然後在那樣的體驗中待一會兒。

這個步驟是要讓你留意相信某個念頭的結果。先讓自己完全沉浸在「有」那個念頭的生活之中，然後再嘗嘗「沒有」那個念頭的滋味。

反轉念頭：相反的想法也同樣眞實嗎？

這是審視自身想法的最後一步。頭腦就像鏡子一樣，可以把事情反向導正。所以，請將你的念頭反過來，盡可能以各種不同的方式反轉它，然後問自己：「反過來的版本和你原先的念頭比起來，是不是同樣眞實，或者更加眞實？」你會發現，它們往往比原本的想法更眞實，或至少同樣眞實。

現在讓我們反轉「他對我很無禮」這個想法——首先轉向**對方**，然後轉向**自己**，接著轉到**反面**。

- **我**對**他**很無禮。（當他沒有對我揮手時，我立刻下結論，並嚴厲地評判他。）
- **我**對**我**很無禮。（我把一個可能無辜的行為變成無禮，是**我**在自己的頭腦裡製造了「無禮」，而我憤怒的念頭讓我覺得自己渺小又刻薄。）

．他**並未**對我無禮。（也許他根本沒看見我，也許他正在想心事。我無法真正知道他的意圖是什麼。）

當頭腦想證明自己是對的，就會像一輛陷在泥沼裡的車，而且越陷越深。試著反轉念頭，並且思考一下反面是否可能屬實，這就好像你讓車子不斷地前進、後退，好讓它脫離泥沼一樣。

例如，你確信如果你的男友接受了一份千里之外的工作，會是件很糟糕的事。這念頭讓你焦慮萬分、不知如何是好，而反向思考會讓你看到被這個想法所困的頭腦無法看見的可能性：如果你的男友接受了那份工作，搬去外地，有沒有可能是一件**好事**？你的頭腦或許根本拒絕考慮這個可能性，完全就是卡住了。

然而，如果你能找到眞實的理由來支持那個反過來的念頭呢（哪怕只有一個）？也許你會發現：你男友的新工作可能會讓他覺得很滿足，你們的關係或許會因此變得更好。如果你能找到這個念頭或許爲眞的一絲絲可能性，你的恐懼就會減少。也許因爲他不在你身邊，你會有更多時間跟朋友在一起、開始鍛鍊身體，或者去上你一直都想上的課；也許他會搬到一個充滿活力的城市，於是你經常去看他，或者甚至搬過去，誰知道呢？你不必相信這些理由，或者眞的採取行動——光是**找到**一個理由，就能讓你從泥沼中脫身。你以爲很糟糕的事，或許並不如你想像的那麼糟——如果你願意考慮這個可能性，那麼你因此感受到的輕鬆與舒暢可能會讓你大吃一驚。

你或許會抗拒這個練習，不願反向思考，因爲你擔心這會讓你害怕的事情發生。在上面那個例子裡，也許你擔心如果以開放的心態面對男友搬家這件事——哪怕只有一會兒——就會減弱你反對的力道。但如果你眞正去審視那個想法，你會發現，事情很可能恰恰相反：當人們頑固地抱持恐懼的態度時，往往會讓自己一直想要避免的事情發生。反轉念頭打開了更多空間，讓你看到事情可以如何平靜地解決，這是你在捍衛某個立場時完全無法想像的。

如果有人覺得找到一個理由來支持反轉的念頭很困難（例如認爲「這是個很大的挫折。就是這樣，沒什麼好說的了」或「這一切都會有最好的結果？不，我絕不會考慮這種可能性」），通常我會建議他們找出**三個**理由來說明反過來的念頭可能爲眞。當頭腦拒絕讓步時，你會發現找出三個眞實的理由——哪怕它們一開始看起來很蠢或沒有意義——也會讓你脫離泥沼，回到通往各種有趣可能性的道路上。

如何審視自身想法？

你已經讀過轉念作業的概要，以下就是步驟說明。

1.當某件事讓你覺得心煩意亂或不高興時——不管它發生在過去或現在——請留意在你腦子裡流竄的那些念頭，並將此刻讓你最難受的念頭寫下來。如果你確信那是種感受，而不是念頭，就讓那個感受發聲，用簡短的句子寫下它想說的話。例如：「他就這樣出門了，表示他不在乎我。」光是寫下那些折磨你的想法，就是個充滿力量的行動。現在，你可以質疑它了。

2.問問**你自己**，那念頭是否爲眞。「他不在乎我」——這是眞的嗎？不要問那個想法是不是跟你聽到或認識到的相符，也不要去考慮生活看起來應該是什麼樣子。（你走進廚房時，他沒放下手中的報紙；他沒有打個電話告訴你他會遲到；他連招呼都不打就出門了——你能確定他這些行爲代表他不在乎你嗎？）有一部分的你知道答案「應該」是什麼，別去問它的意見。這裡的問題是：那個想法符合你內在所知嗎？跟你內心最深處感受到的事實起共鳴嗎？你能**百分之百肯定**他眞的不在乎你嗎？（「我不知道」「是」或「不是」都是好答案。）

3.當你相信那個念頭時，你是如何過日子的？請好好探究一番。總的來說，那個想法爲你的生活帶來平靜或壓力？它讓你跟所愛的人變得更親密，還是造成你們之間的疏離？當你相信「他不在乎我」那個念頭時，你有什麼反應？相信它的感覺怎麼樣？你如何對待自己和別人？你如何對待他？回答這些問題時，請給自己足夠的時間，在腦中描繪你相信那個念頭時的模樣：你的反應是傷心？沮喪？憤怒？你是否會冷落他？你是否企圖贏回他的心？你是否會批判自己，覺得自己是個失敗者？你是否會點一支菸，或者向冰箱走去？請盡可能精確而鉅細靡遺地回答這些問題。

4.接著請探索一下，如果沒有那個念頭，你的生活會如何？運用你的想像力好好看一下，沒有那個想法，你會是誰、會變成怎樣？不要去找一個「比較好」的念頭來代替那個痛苦的想法，當你不帶著那個舊念頭來看自己的狀況時，就會打開一個空間。讓自己在那個空間裡待一會兒，假裝無法去想那個念頭，那會怎樣？想像你正看著他，心裡沒有「他不在乎我」那個想法——或許你看到的只是一個正在專心看報的男人，他愛他的妻子，但此刻不想把注意力轉移到她身上；或許沒有「他不在乎我」那個想法，你會發現自己很容易因爲他的快樂而快樂。

5.把那個念頭轉過來，仔細思考反轉後的各種版本。如果某個反轉句對你沒有意義，也不必煩惱，就以你想要的任何方式反轉原來的句子，直到找出讓你感觸最深的反轉句。

「他不在乎我」的反轉句：

- **我**不在乎**他**。（當我覺得受到傷害時，我會冷落他或對他發火，而且不在乎他的感受。）
- **我**不在乎**我**。（當我向心愛的人開戰時，我不在乎自己，剝奪了自身的平靜。我將自己置於敵對情境中，為自己製造了一個敵人，以及許多壓力和憂傷。這就是暴飲暴食和抽菸之類的癮頭趁虛而入的時候。）

．他**的確在乎**我。（儘管他愛我，對我說話還是很難聽；儘管他愛我，仍然要離開我。）

問問自己，任一個反轉句是否跟你原來的念頭一樣眞實，或者更加眞實？如果同樣爲眞或更眞實，請找出可以說明它們是事實的三個眞實理由。反向思考可以戲劇性地讓你從某個念頭中解脫，尤其如果你對它的信念已經在前幾個步驟中鬆動了的話。

轉念作業精簡版

每當出現了某個充滿壓力的念頭，以下四個問句和反轉的步驟，將引導你去審視那個念頭：

．**這是眞的嗎？**

．**我能百分之百肯定這是眞的嗎？**

．**當我抱持這個想法時，有何反應？**

．**如果沒有這個想法，我又會如何？**

．**將這個想法反轉過來**，並找出三個真實的例子，來說明每個反轉句和原句相比同樣真實或更加真實。

這個精簡版本足以讓你開始進行轉念作業了。如果遇到讓你特別痛苦、很難化解的念頭，在本書的附錄部分可以找到排解疑難的進階工具。

“不是我在掌控那些念頭，是它們掌控了我——直到我去質疑它們！”

第三章　你眞的需要他人的認可嗎？

這一章討論的，是關係中最讓人痛苦的一個念頭——你必須贏得他人的愛與認可。審視這個想法的第一步，是去探究對於愛與認可的追求如何影響你的生活。本章提供的幾個練習將幫助你發現，大多數人相信的那些可以贏得他人喜愛或欣賞的方法都不是真實的，而且會讓你落入虛假、充滿壓力的生活。另外還有些練習是要告訴你，當你和他人在一起、卻不刻意追求對方的認可時，可以體驗到的那份輕鬆自在與親密感。

有個小孩在操場上玩耍，自得其樂，完全沉浸在自己的遊戲裡。突然間，她翻了個筋斗，這讓她自己吃了一驚，而周圍有些小孩看到之後開始鼓掌歡呼，她才注意到他們的存在。於是她又翻了一次，想看看他們會不會再次鼓掌。操場上到處都是小朋友的叫聲：「看我！看我！」如果得到想要的回應，他們就會很開心，沒有的話就很失望。剛才那個小孩不確定她發現了什麼，但覺得很興奮。她想，也許她找到被其他孩子接納的關鍵了。於是，她開始練習翻筋斗的新招，但這次多了一個過去沒有的動機——她不再只是翻著玩玩、讓自己開心而已，她的注意力已經轉移到她希望從別人那裡得到的反應上了。這讓她產生焦慮感，擔心得不到回應。

我們雖然已經不是孩子了，但許多人依然翻著某種形式的筋斗，追求幾乎所有人的認可——伴侶、小孩、父母、同事，甚至電梯裡的陌生人。尋求認可在我們的生命中占了很大的位置，因而成爲自動自發的行爲，讓我們幾乎不知道自己正在尋求他人的認可，反而比較容易注意到這件事在朋友及同事當中引發的焦慮：這個人和你在一起時有說有笑，她的未婚夫一出現立刻變得很安靜；那個人工作時總是在拍老闆馬屁；這個人隨時隨地都想成爲大家注目的焦點；老師在附近時，那個和你一起練瑜伽的人就表現得格外平靜和喜悅；還有那一位，在兒女面前，她總是逆來順受。

你的注意力之所以被這些行爲吸引，是因爲本來應該發生的並未發生。例如，聚餐原本是要讓朋友們有個放鬆和互相了解的機會，結果大家卻故作姿態、競相表現，成了一場折磨；

原本為了解決問題而召開的工作會議，卻成了試圖在高階經理人面前留下好印象的機會。為什麼會這樣？因為尋求認可成了焦點。

如果這激起了你的好奇心，你可能會去猜測這些事情背後那未被言明的念頭。想像那些讓你朋友感到焦慮的想法並不難，因為每個人心裡都有過同樣的念頭——「如果他知道我的眞面目就會拒絕我」「沒人注意我，我就不會快樂」等等。你或許會根據這些念頭採取行動，也或許不會，但如果向內看，你可能會發現它們的存在。

在上一章裡，我們了解到不一定要相信那些在心中來去的念頭——即使它們看似眞實。接下來的幾章，我們將找出那些隱藏的信念，它們往往決定了我們如何與他人打交道、如何處理友誼和職場上的關係，而且你還有機會看看那些信念是不是也同樣在影響你。接著，我們也要探索墜入愛河、談戀愛、結婚和感情關係，看看將親密關係建立在未經質疑的信念形成的不穩定基礎上，會發生什麼事，檢視一下這樣的關係為何經常破裂，並因此發現我們其實有其他選擇。

你可以把這部分的內容當作小說來讀，看到別人對愛與認可的追求，你或許會覺得很恐怖，也可能被逗得很樂。但是**當你發覺自己也有這些故事背後的念頭時，請留意，它們是你自我覺察的入口**；當你發現了你在生活中對那些念頭深信不疑的時刻，你就開始從痛苦中解脫——你變得自由了。不過要找出那些想法，你可能不得不回顧一些令你痛苦的事，例如：

「爲何這麼多年了，我仍然無法原諒他？」「爲什麼即使我想要掛他電話，卻還是一直講？」「爲什麼我不能跟她說實話？」在這些讓你痛苦或不舒服的事件中，只要你能發現其中一件事背後的念頭，就能開始走上回家的旅程。正是這些未經質疑的念頭導致了分離與痛苦，所以當你發現其中一個念頭時，請問問自己：「這個想法眞實無誤嗎？眞的是這樣嗎？」你會注意到自己如何因它受苦，而當你不相信這個念頭時，你還會找到一直存在你內心的平靜和愛。

尋求認可的化裝舞會

想要讓人留下好印象

讓我們從一個大部分人都深信不疑的念頭開始：「爲了讓人喜歡我，我必須贏得他們的好感。」整個社會都建立在這個想法上，它似乎是眞的。但眞的是這樣嗎？我們來看一看。

贏得他人的好感應該是從留給對方的第一印象開始。從字面上看來，「試圖讓某人有好印象」意味著你強加了一個你想要印刻在對方心上的形象——也許是希望他認爲你正直、坦率、聰明或很有吸引力。你想要讓他銘記在心，就好像拿著一個大橡皮圖章走到他面前，然後試著把那個討人喜歡的形象印在他心上。「如果能讓他留下那樣的印象，我們的關係就會有好的開始」——很多人都這樣認爲，但這是眞的嗎？

有個方法可以檢查這樣的想法是否符合實情：當有人試圖讓你留下好印象時，注意看看你的感覺如何。假如有人在你面前不停揮動一個巨大的橡皮圖章，**你**看到的是什麼？從你的觀點看來，那圖章刻著「我眞的需要你喜歡我」或「我想從你那裡得到些什麼」。你或許只是有點反感，然後會試著主動和他聊幾句；但如果他還是不斷對你揮舞著那枚「我需要你喜歡我」的大圖章，你會怎樣？試了一會兒之後，你放棄了和他交流的打算；或者，如果你眞的很想了解這個人，可能不得不想辦法「繞過」他希望讓你留下好印象所做的努力。

人們想讓你留下好印象的企圖眞的有助於你喜歡上他們嗎？「我需要建立對別人的印象」——這樣想有用嗎？你對他人的印象到底是如何形成的？事實上，你聆聽某人說的話、觀察他的行爲，一切就緒之後，你的頭腦就自然而然形成了對他的印象。

覺察自己是如何尋求認可的

【練習】開始注意自己的念頭

長大成人後，尋求認可成了某種第二天性，所以要發現它在我們的心智活動中究竟占了多大比例可能很難。以下幾個方法能夠幫助你開始留意自己是如何尋求認可的。

可以先從打電話這件事開始。電話那頭的人看不見你，但你能看見自己。當你打電話給某個重要的人時，觀察一下自己的念頭——拿起電話前，你是不是已經想好要說什麼了？你是否想顯露某方面讓對方知道？注意那一刻在你腦中閃現的念頭。

當你回想這樣的情景時，會出現什麼樣的感覺？找出這些感覺實際上出現在你身體的哪些地方，追蹤它們，並注意它們對你身體的影響有多大。

在和某個你很重視的人碰面之前，你會不會預先想像見面時的情景？你有沒有事先排練提出聰明伶俐的意見，大致想好你要談些什麼、提出什麼建議，哪些話題可以討論、哪些要盡量避免？

而見面時，你會不會擔心對方怎麼看你？「他為什麼要笑？這可能代表他不相信我。」「她為什麼不笑？這可能表示她覺得無聊。我能做些什麼來扭轉這個情勢呢？」

事後，你會不會在心中仔細檢討當時的整個過程？你有沒有試著找出自己在哪些地方表現不錯、哪些地方表現不好，什麼話該說沒說、什麼事該做沒做？你很享受這整件事，或者覺得充滿壓力？

和情人約會時，你會不會出現這類念頭：「她有沒有注意到我？」「她覺得我是個騙子嗎？」「我有沒有說錯話？」「我是不是應該吻她？」「我是否應該假裝喜歡他住的地方？」「他是不是不愛我了？」「她是不是要和我分手？」「他並不愛真正的我。」「她並不是真的想和我在一起。」

在這個練習裡，你不必去處理這些想法，只要留意它們就行了。

”當我們相信那些未經質疑、像幼稚園小朋友會有的念頭時，我們都是小孩子——「他不喜歡我。」「他是個壞蛋。」「這不公平。」「我必須受罰。」「為了得到想要的東西，我要哭。」「我被欺負了。」「都怪你。」

你從幼稚園畢業了沒有？“

【練習】留意當你相信自己的念頭時，發生了什麼事

當你和別人說話時，請刻意去聆聽自己內心的想法。當你相信那些念頭時，發生了些什麼？請注意你試圖用解釋、限制或藉口來操控他人，或是說一些奇聞軼事希望讓人留下某種印象的時刻；請注意你是如何試圖利用表情、聲音、眼神、肢體語言和笑聲來操控他人。

回想生命中某個尋求他人的愛與認可的時刻——甚至可能就在今天。在尋求他人的愛與認可時，你做了哪些讓自己難受的事、說了什麼讓自己難受的話？

現在，回答下列問題，寫下你的答案：

- 你想從那個人身上得到什麼？列出你的企圖。
- 你如何試著影響他對你的看法？列出你使用的方式。
- 具體來說，你希望他怎樣看你？請一一列舉。
- 你有沒有說謊或誇大？請舉一些例子。你說了什麼？請明確地列出來。
- 你真的有在聽他說話嗎？或者你更想讓他知道你多有趣、多有魅力或多聰明？
- 對於尋求愛與認可，有哪些部分是你不喜歡的？把它們列出來。
- 當你拒絕尋求愛與認可時，有哪些地方是你喜歡的？

看到自己對認可的追求，你可能會覺得尷尬，甚至受不了。學員在我的「九日學校」進行這項練習時，大家可以互相支持，所以整個過程會比較容易。我會徵求一名志願者在其他人面前唸出自己的答案，結果大家都發現自己寫下的那些最厚顏無恥的例子，也沒什麼特別的。我們都經歷過這些事，因爲這世界上沒有什麼充滿壓力的想法是新鮮的，你有的，別人也有。

以下是某位學員的故事，也許它會讓你了解到，無論你找到些什麼，你都不會是唯一有這些念頭的人。這位女士發現，即使在做這個練習時，她也沒有停止尋求認可。

> 結果，我拿來做這個練習的事件，就是在做這個練習的時刻。我沒有挑選某個特別的情境，因為我發現自己時時刻刻都在尋求認可。例如，我現在就希望把這個練習做得盡善盡美，以贏得你們所有人的認可。
>
> **我想要什麼？**我要你們喜歡我、愛我、認為我很棒；我希望你們發現我有趣、特別、比別人強；我希望你們覺得我可愛、甜美、聰明。還有，我要你〔指著聽眾裡的一位男士〕認為我很性感。那個年輕美女在哪兒？〔環顧四周〕你在哪裡？嗯……我想讓你覺得我很年輕，還想讓這屋裡其他所有漂亮女孩都認為我比你們更成熟、更見多識廣。我希望這裡所有的人——你們代表全世界——認為我非常

美麗；我要你們都接納我，把我當自己人；我要你們都欣賞我，聽我說話；我要你們需要我；我要成為你們嚮往的人；我要你們永遠不會忘記我；我要你們認為我是一個美好、善感、體貼、聰慧、口才好、非常堅強、什麼都很出色的人。

我是否企圖操控你們對我的看法？當然有，透過說話的方式、動的方式、站的方式、笑或不笑的方式、睜大眼睛或舔嘴唇的方式、看或不看著你們的方式、靠近或遠離你們的方式。

我有沒有說謊或誇大其詞？太多次了。在大多數情況下，我都試圖表現得比你們出色——此刻我就在這樣做。

我有沒有聽你們說話？沒有，我並未真正去傾聽。就像昨晚〔對著某位學員說〕，我並沒有真的聽你說話，我只是在等你說完，好讓我再次開始表演。

我獲得你們認可了嗎？我不確定我是否得到了你們的認可，但我知道我沒得到自己的。我很清楚我讓自己失望了。這讓我感到空虛、沒有安全感、覺得不滿足，總是想要更多。我懷疑自己的一切，確定自己不夠好。比方說，此刻我就在想克絲汀究竟說了些什麼，我錯過了。

我能想起一個我拒絕尋求愛與認可的時刻嗎？此刻我什麼也想不起來，但我能想像，那將是一個真正親密的體驗，充滿真誠、愛與誠實，而且無欲無求。

下面是另一位志願者的故事，她提到自己如何在父親的葬禮之後尋求認可。這個故事聽起來很極端，或者十分熟悉？

我想要什麼？那天剛舉行完我父親的葬禮，我想要卡爾吻我，告訴我他愛我；我要他忘了他的妻子，只和我在一起；我要他覺得我容易受傷、痛苦、脆弱、充滿女人味，而且非常需要他、渴望他。我試圖利用自己的痛苦來勾引他，想讓他明白：「不要在此刻拒絕我，你看我這麼悲傷、脆弱。」我誇大了自己的傷痛。從墓地回來時，他送了我三首詩。那時在車裡，當我向他展示我在過去一星期承受的痛苦、淚水和哀傷時，心裡其實滿平靜的。

我有沒有聽他說話？我其實並沒有真的在聽，一點都不在乎他送我的那些優美的詩、他眼中的憐憫，甚至不關心他為了減少我的痛苦付出了多少。我只想要他做我希望他做的：「現在就抱著我、吻我，告訴我你會為了我拋棄一切。」

我贏得他的愛了嗎？我最後的確得到了他的擁抱和親吻，不過是用強迫的手段，讓我覺得好像是我從他那裡偷來的。我很難過，覺得自己像個男人！我恨自己利用父親去世的痛苦去操控愛，覺得沮喪、可悲、絕望，而且為自己的不擇手段感到羞恥。

我能想起一個拒絕從那個人身上尋求愛的時刻嗎？六個月前，我發了一封電子郵件給他，讓他知道我將參加一項他和他妻子也會到場的活動。我會發那封郵件是出於對他的愛，沒有別的動機，只是擔心我的出現可能會讓他感到意外或不舒服。

那樣做的感覺如何？純淨，而且和過去每句話都是個騙局比起來，我覺得更靠近他了。

【練習】精心打扮

想像一下你為了某個場合要穿上最好的衣服，或者想去買套新裝（一路想像到你想要全身大改造）。在腦中描繪你正在為重要的會議或約會打扮自己，當你一件件穿上那些關鍵服飾時（你知道的，就是你的新襯衫、你最喜歡的領帶、你的絲質內衣等等），問問自己，你希望它擔負什麼樣的任務：「穿上這件襯衫，我想讓你覺得________。」在空白處填上你希望對方怎麼想、怎麼說或怎麼做。連你的襪子也有個好玩的故事可以說。

注意你在梳妝打扮時，刻意要掩飾或隱藏的那些部分——歲月的痕跡、多餘的贅肉等等：「我想掩飾一下這個部分，這樣你就不會認為＿＿＿＿＿。」（或者「這樣你就會認為＿＿＿＿＿。」）

現在，請確定你不希望別人對你產生的想法和反應，問問自己：如果你那身打扮成功達成任務，最好的狀況是怎樣？假如沒起作用，最糟糕的情況又是如何？

做這個練習時，你或許會發現自己有些想法簡直可笑，然後就不願繼續進行下去。這是個好跡象，在尋求認可的過程中的確會發生許多蠢事。你真的相信你注意到的那些念頭嗎？在精心打扮時，你有多緊張、多費力？請想像一下自己正在打扮，但心裡沒有那些充滿壓力的念頭。

假裝有興趣

如果你從未質疑過「我可以贏得他人的心」這個信念，那麼當你的漂亮手段沒有發揮作用時，你會認爲一定是你或你的技巧有問題（或是兩者都出了差錯）。你也許會從眾多自我成長的書籍當中買一本教你推銷自己的書回去仔細研讀——例如卡內基的百萬暢銷經典《人性的弱點》。

卡內基的主要建議是：讓自己對他人感興趣。他說，那樣保證會讓你贏得他們的心。如果你覺得那樣做很難，他有另一個建議：**假裝**有興趣。怎麼做呢？微笑；記住他們的小孩和狗的名字；在記事本裡記下他們的生日，這樣你才能寄生日卡給每一個人；然後，還要假裝贊同他們的觀點。重點就是要經營自己給人的印象。

卡內基沒有停下來問一問裝出來的興趣能否贏得眞正的友誼，因爲他的目的不同，他是在教一種銷售技巧。這種技巧很流行，效果隨處可見——有人給了你一個大大的職業微笑，然後你會懷疑他們到底想要什麼；公司要求員工站在店門外跟你打招呼，彷彿他們認識你一樣；收銀員唸出你信用卡上的名字，對你說：「謝謝你，史密斯太太。」

當有人假裝對你感興趣時，你會不會回以微笑，並且假裝很榮幸？大部分人都很樂意繼續演出這場戲，沒有什麼問題，除非你開始思考這樣的行爲裡是否有眞正的認可。這不是友好的行爲，只是在**模仿**友好，以讓人按照某人的意願行事。這種把戲也許可以用來賣保險，但如果你在友誼和愛情裡也使出這樣的手段，會發生什麼事？讓我們來看一下。

"沒有了「我必須讓人留下好印象」這個想法，你會怎麼樣？"

讓自己更討人喜歡

藉由假裝對他人感興趣而贏得對方的心，只是某個更大計畫的一部分：成為更討人喜歡的人。

當你相信「讓自己更討人喜歡，就可以贏得愛與認可」這個想法時，你會有什麼反應？如果你覺得自己不夠吸引人，自然就會做一些改變：「修改」自己的外表和個性，直到你找到正確的組合，讓自己更具吸引力。大多數人都會先從外貌著手：嘗試各種服裝、髮型和化妝方式，開始減肥，注意自己走路的姿態和面部表情；接著逐漸進展到研究該何時微笑、何時接觸對方的眼神、何時大笑、何時開口、何時保持安靜，以及要表達什麼樣的觀點。

發展出取悅他人的個性這件事當中有一種本能，會驅使你一刻不停地去留意那些顯示你成功了的信號。這樣過日子壓力會很大。當你緊張地把注意力放在他人身上，不斷檢查自己是否被認可時，你完全無暇關注自身──既無法注意到自己的念頭，也無法為你的感覺負責。這樣就切斷了你與帶來真實滿足的源頭之間的連結。把焦點放在外面，還會讓你無法察覺並質疑那個必定會使你痛苦的念頭：「如果我必須改變自己才能贏得愛與認可，那我本身一定有問題。」

我以為我已經讓他相信我很有頭腦、博覽群書、風趣、聰明，甚至是出類拔萃。在我們一整個月的交往之中，我把全部心思都放在讓他相信這件事情上，可是最後他對我說，他不想見我了！當我問他原因時，他說他要找的是不那麼緊張、更隨和開放的人，甚至是單純一點，不要那麼聰明。這對我的自尊心真是重重的一擊。等我從那個打擊中恢復過來時，我體悟到，真正的我其實可能就是他想要的那種人。

注重禮節

通常，我們並非有意去操縱別人，甚至根本沒意識到自己在這樣做。例如，在剛剛認識一個新朋友或剛墜入愛河的興奮中，你可能會發現你爲了贏得對方的認可，完全不顧自己的好惡（無論對方是否表達了自身喜好）。你有沒有在想要說「不」的時候，卻點頭說「好」？（「你確定眞的沒關係嗎？」「哦，沒關係啦，我會和你那三隻溼答答的黃金獵犬一起坐在後座。」）**當你開始留意時，你會發現那些客氣、有禮貌的行爲裡，充滿了僞裝的體貼，其實是爲了得到認可**。

禮貌和周到本應出自對他人的體貼，但請留意你有多常利用這樣的行爲來控制自己給他人的印象。當你說「謝謝」時，你只是嘴上說說，或者衷心表達感激？當你表現得彬彬有禮時，那是發自內心的恭敬，或者只是表演？注意到這兩者的不同對你來說很重要。

例如，許多人都發現自己很難坦然接受一句讚美或一份禮物。當你的焦點放在要立刻回報對方——即使是一聲謝謝——就會妨礙你全然地接受。**想要表現得有禮貌，會讓你無法完全進入感恩的狀態，因爲在感恩的狀態裡是沒有焦慮和分離的。**

當你感受到眞正的感激時，它會毫不費力地流露出來。別人是否注意到你的感恩，是他們的事；但如果注意到了，他們收到的不是微不足道的感謝話語和表示，而是一份大得多的禮物——感恩本身。在感恩面前，人會變得非常開放，很快地，他們就會想把一切都給你。當我們不再試圖控制時，愛就出現了。

你可以透過擁抱清楚地看到這一點。如果試圖回以擁抱，你就無法眞正去感受那個擁抱——**馬上就想回報，其實是在拒絕禮物。**當你眞正接受那個擁抱時，你會感覺到那環繞著你的臂膀，感覺到那個身體，感覺到自己內心的愛。**接受就是給予，它是你能回報對方最眞誠的禮物，也是他們原本想給你的東西。**

圓滑世故

一旦注意到自己對認可的追求，你忙著留意的那些社交細節就成了學習的好機會。通常，圓滑世故意味著當某人在「表演」中犯了錯時，你假裝沒注意到——例如，某同事想在你面前顯示他的人脈很廣，卻把一位名人的名字說錯了，而你沒有戳穿他。有時，圓滑則僅僅爲了避免冒犯他人，這就是爲什麼人們在社交場合中常常覺得身不由己。比方說，某人在談論政治，因爲她以爲這是另一個人感興趣的話題，對方則試著裝作很有興趣。兩個人都覺得無聊、不自在，也都意識到自己裝得不像，卻又不知如何是好，因爲他們都沒有去質疑「如果提議不談政治、聊別的話題，可能會冒犯對方」這個念頭。因此，他們一邊勉強交談著，一邊用眼角餘光尋找脫身的機會，而不是去找出兩人有什麼感興趣的共同話題。

即使是好朋友，也可能變成世故行爲的受害者。假設你在爲男友拉小提琴，而他爲了取悅你，裝出一副很喜歡的樣子。當你看著他時，你發現他有一會兒沒在「表演」，臉上露出痛苦的微笑——那就是他不老練地變得誠實了；而當你注意到他的變化時，你的表情也變了，那是你不老練的失誤——讓他知道你注意到他的變化了。但你們倆都假裝什麼事也沒有，你努力拉完那首曲子（儘管高音部分拉得很辛苦），並且讓男友也表演到底，裝作很享受。你們都想支持對方在「假裝」這件事情上的努力。

爲什麼要費那麼複雜的心思去假裝呢？沒有理由。你們會那樣做是因爲兩個人都沒有質疑過這個信念：你們的關係全靠做戲，經不起「誠實」的考驗。你們小心翼翼地對待彼此，因爲你們根本不知道有別的選擇。

對不起，我很抱歉

和圓滑世故一樣，道歉通常也只是做做樣子。有時這種僞裝是無害的，例如某人的購物車幾乎要把你撞倒了，你卻對他說「對不起」——你甚至不願意讓陌生人對你產生不好的印象。有一次，我朋友把雜誌忘在診所裡了，當他回到那擁擠的候診室去拿回自己的雜誌時，拚命向那裡所有的人說「對不起」，因爲他希望大家了解他不是舊雜誌小偷。

隨時隨地都在尋求認可意味著，除了過日子，你還得表演。即使在你家附近的街角等公車，你也無法只是站在那裡等著。每隔一會兒，你就得走下人行道、向遠處眺望，扮演「一個在等車的人」，否則旁邊的某個人或許會認爲你不懷好意。

【練習】沒有禮貌的人生

留意你有多常自我防衛（用言語、行動、穿著和聲調），以及那樣做為你帶來多大的壓力。你想隱藏或凸顯「你」的哪些部分？你想讓誰相信？你想讓「你」的什麼故事永遠留存？如果沒有這個故事，你會是怎麼樣的「你」？

留意那些你為自己找藉口、解釋或辯護（或者為別人這樣做，得體地幫他們找藉口）

的時刻。當你在辯護、解釋或證明時（甚至是為你的存在辯護），你體驗到什麼？如果你保持沉默，既不解釋也不說明，我們不問你就不說，你擔心我們會怎麼看你、會有什麼反應？把這些擔憂都列出來，然後逐一反問自己，看看它們是否為真。

我擔心你會認為我沒有禮貌，然後＿＿＿＿＿。

我擔心你會認為我不在乎你，然後＿＿＿＿＿。

我擔心你會認為我太＿＿＿＿＿，然後＿＿＿＿＿。

對上面那些想像出來的後果，你有什麼看法？當你相信那樣的念頭時，你如何反應？沒有那些想法，你又會如何？

如果你行動和回應時不那麼擔心別人怎麼看你，那會怎樣？如果讓你的行為自己說話，又會如何？如果你不再為自己的想法或行為向他人道歉、辯解或說明，只是活出真實的自己，會是什麼模樣？

下面幾個練習不是要藐視禮貌或改變你的行為，而是為了讓你看到，當你熱中於按照社會可以接受的方式行動時，背後隱藏了哪些想法——你並不真的相信那些讓人焦慮的念頭。

‧想像你沒有向大家禮貌地說聲抱歉就離開餐桌，並注意那一句抱歉原本是為了預防什麼事。如果你只是站起來、一聲不吭地離開，你認為別人會怎麼看你？

‧想像一個你給他人造成一些不便的情境，例如遲到或想借某樣東西。如果你只是道歉而不多加解釋會怎樣？想像自己站在那人面前，不作任何解釋，然後留意你的那番解釋本來是為了避免讓對方留下什麼印象。如果某人對你的印象恰好就是你害怕人家會有的那種，你認為會發生什麼事？你真的相信那樣的想法嗎？

”當你用言語或行動去取悅、攫取、緊抓、影響或控制一切人事物時，恐懼是起因，痛苦是結果。操控就是分離，而分離是痛苦的，即使對方在那一刻全然地愛著你，你也體會不到。如果因恐懼而行動，你根本無法接受愛，因為你堅信一定要做些什麼才能得到愛。每個焦慮的念頭都會讓你與他人分離。

然而一旦質疑自己的想法，你會發現你不必為愛做任何事。那完全是天真的誤解。當你希望讓別人留下好印象，並贏得他們的認可時，你就像個小孩在大喊著：「看我！看我！」一切都跟一個需要愛與關注的孩子有關，而當你可以愛那個小孩並擁抱它時，你的追尋就結束了。“

談話、插嘴和聆聽

大部分想要贏得愛與讚美的努力，都不是冷靜計算過的行爲——我們並非故意那樣做的。調情、引誘、墜入愛河，以及與浪漫有關的一系列行爲，都發生在夢一般的恍惚狀態中，搖擺在希望和恐懼之間。這一刻，你以爲自己被拒絕了；下一刻，你又因爲成功而興奮。在這種狀態下，你幾乎不知道自己在做什麼，也可能完全沒意識到自己使用了多少假裝和操控的伎倆。

當人們接近自己人際關係的高峰時——無論是商業人士即將做成交易、賣出東西或被雇用，或是情侶將要發生第一次親密關係——那夢一般的感覺是最強烈的。在那一刻，每個人都想和對方一致，並掩蓋彼此之間的不同。

如果這種心理狀態讓你覺得有壓力，你可以藉由注意自己在日常談話中的表現，開始從夢中清醒。交談之中會充滿無意識的行爲——挑逗的微笑、意味深長的眼神、點頭贊同和誇張的反應等——這些行爲的目的是希望影響他人對自己的印象。

尋求認可時，你是怎麼說話的？

有人問你一個簡單的問題時，你是否曾經愣住，不知如何回答？你在擔心什麼？你本來打算全盤托出自己的想法和觀點，話都到了嘴邊，可是你認爲必須和別人的意見一致，以贏得他們的認可，只不過你還不確定他們是怎麼想的，所以不知該說什麼。

有個解決方法是：避免成爲第一個提出意見的人。如果你不得不第一個發言，你會盡可能讓自己的說法有彈性。「但是」和「因爲」之類的字眼成爲你最好的朋友，因爲它們讓你能在句子中間做一百八十度的轉折；如果察覺到自己說錯了什麼，你可以在同一句話裡把它糾正過來。例如，「我喜歡《魔戒》這部電影，〔注意到對方神情有些畏縮〕，**但是**它太長了。」「但是」這個詞讓你重新和對方意見一致。「我喜歡菲力牛排，〔注意到素食者臉上驚駭的表情〕，**然而**我更喜歡吃蒸蔬菜。」（據一位莫斯科來的心理學家朋友說，在蘇維埃當政時期，俄語中最重要的詞就是「然而」。）而「因爲」這樣的字眼也可以發揮類似的功能，但是比較沒那麼激烈。例如，「這個週末我在拉斯維加斯，〔注意到對方吃驚的表情〕，**因爲**我太太喜歡賭博。」

另一個策略是閉緊嘴巴，以下是某位女士採用這個方法的結果。

大概三十歲時，我和一位年長的男士談戀愛。他很喜歡喝酒、烹飪、外出用餐、參加聚會，以及和朋友一起玩音樂，而我正努力想在工作上獲得升遷，以及為自己的每一件事奮鬥。大部分的週末我都待在他家，早上起床，我們會一起準備早餐，有時則不吃早飯就開始一天的生活。除了聊聊日常小事，我一句話都不說。我總是想搞清楚他希望我做什麼或說什麼，這樣我們才可以在一起，所以在確定我會讓他滿意、高興之前，我總是十分緊張且僵硬，什麼也不敢做。最後他問我：「你到底是哪裡不對勁？怎麼老是這麼神經兮兮的？」聽他這麼說，我簡直氣瘋了。

【練習】插嘴

想要察覺在交談過程中閃現的念頭，有個好方法是去觀察你如何打斷別人的話。你可能會注意到別人打斷你，但如果插嘴的人是你，也許你就不是那麼容易發現了。

步驟一

當你打斷別人的話時，仔細留意——不要停止插話，只要去注意就行了。你可以在講電話，或是和母親或同事聊天時，試著留意一下。

步驟二

當你打斷他人時，默默地對自己說：「我不讓你說完，因為＿＿＿＿＿＿＿＿。」（在空白處填上理由。）這樣做幾乎不會影響你繼續說話。只要觀察就好，那些在交談時你通常察覺不到的想法，會自行填滿空白處。

以下這些例子是形形色色的人在這個練習中所發現的：

「我不讓你說完，因為……

「我已經知道你想說什麼了，而我要說的事情更妙。」

「我怕會忘記我自己要說的話，失去這個讓你留下好印象的絕佳機會。」

「我已經知道你要說什麼了，而我想避開那個話題。」

「你說的話沒什麼意思，不足以讓我從我那些令人害怕的念頭中分心。」

「你的表達能力真差，讓我來替你說吧。」

「打斷你是我自然表達熱情的方式。」

盡量多練習幾次，直到找出最常導致你打斷他人的三個念頭，然後自問那些念頭是否為真。接下來繼續審視，當你相信那些想法時，你有什麼反應？沒有那些念頭時，你又會如何？然後，將那些念頭反轉過來。

【練習】注意力不集中

有人跟你說話時，你可能會發現自己雖然沒插嘴，但精神渙散，注意力不集中，只是假裝在聽。請試著留意你開始聽自己的念頭在說話，而不是聽對方說些什麼的時刻，然後默默對自己說：「我決定把注意力放在自己的念頭上，而不是你說的話，因為＿＿＿＿＿＿。」例如：

「因為我以前就聽過這個了，所以我可以很有把握地回到更重要的事情上：關心自己的煩惱。」

「因為我沒時間聽你說這些，如果我不關注自己的問題，可能連這星期都撐不過去。」

「因為那邊那些正在大笑的人好像更有意思，不知道我可不可以加入他們。」

找出讓你岔開注意力的主要原因，然後進行轉念作業，加以審視。人們說自己「心不在焉」，其實，他們只是把注意力轉到某些念頭上。當你心不在焉時，你在想些什麼？

【練習】只聽不說的午餐約會

和兩、三個活潑的朋友相約一起吃午餐。當你們碰面、相互問候之後，就把說話的任務交給朋友。你雖然也完全投入談話內容中，但除了點頭、微笑，或是在適當的時候流露關切的神情之外，不要參與他們的交談；假如他們問你問題，就簡短回答。在談話中，你偶爾可以說「我懂你的意思」或「你可能是對的」，但除此之外不要多說。

請留意那些平時會讓你開口的念頭。當你只聽不說時，覺得難受嗎？大家的談話會因此受到影響嗎？請意識到你的聆聽對這場談話的貢獻。離開時，不要提起你沒有說話這件事，也不必道歉（根本沒人注意到吧？），然後跟大家相約不久後再聚。

一個總是希望被別人讚美的年輕人分享了以下這個故事，提到當他不再尋求認可後，生命如何讓他認識自己是誰。

> 為了讓人稱讚，過去我總是不停地說話，逗大家開心。當我第一次去中國時，

為了讓翻譯人員跟上我的速度，每次我都只能慢慢地說幾個詞，還得非常努力去理解別人在說些什麼。結果我很驚訝地發現，每個人都很喜歡我，我也跟遇見的人相處得非常愉快。我之前老是聽人家說在中國工作很不容易，但我覺得那裡的人極為友善。直到回美國後，當我發現自己話說得較少，卻得到更多的愛時，我才領悟到，在中國發生的那些事，其實和中國沒什麼關係。

試著眞正去聆聽

花一天的時間去聆聽別人。純粹讓他們的話進來，不要加上你自己的看法。你可以試著這樣想：當別人說話時，他們正在想辦法表達自己眞正想說的，而幫助他們最好的方式，就是靜靜地聆聽。讓自己接收他們說的話，而不要去猜測其中的意思，相信他們說完後你就會明白。如果你想幫他們把話說完——無論是說出聲，或者只在心裡說——請阻止自己。

當你讓別人不受干擾地完整表達自己的想法時，你會很驚訝地聽到人們說出口的話是怎樣的一份禮物。有時候，你遇見一個完全不同的人（尤其如果這個人正好是你的另一半），你或許會發現，當你認爲自己越來越了解某人，你其實只是在「堅定」自己對他的看法；如果你開始眞正去聆聽，一些小誤會很快就自行化解了。例如，有個朋友告訴我，他的一個同事似乎老是在生他的氣，然後有一天，我朋友既沒催他，也沒插嘴，讓同事一口氣說完他想說的話，結果那個同事如釋重負地對我朋友說（毫無發火跡象），他非常喜歡與他共事。

你對他人的了解往往受限於你認爲你已經知道的事，因此當你只是聆聽時，眼前這個人並不符合你之前對他的認知；令人興奮的是，他往往比你預期的更有智慧、更親切，而且你可能還會忘了你對**你自己**的看法。你成了眞正的聆聽者，心胸開放、眞誠地對他人感興趣。或許你還會發現，你自己也比你原本以爲的更有智慧、更親切。當你發現人們不斷給你驚喜、比你期待的還要棒時，你自然會對他們產生興趣。

當你逐字逐句地傾聽時，一開始或許會覺得迷惘。你一直努力維持的身分瓦解了，你不再是過去那個你——一邊聽人說話，腦子一邊飛快地轉動，一心等待插話的機會好讓人留下印象。原來，那個你只是另一個負擔，另一個阻止你和他人眞正相遇的障礙。眞正傾聽時，你不認識的那個你，遇見了你認不出來的那個人。

轉念作業：你眞的需要認可嗎？

有時，一旦你開始注意到自己那些與尋求認可有關的不眞實念頭，以及它們造成的那種令人不舒服的行爲，這種追求就會自動停止。念頭被解開了，你因此過得更快樂。如果你仍然認爲你必須得到某人的認可，那麼就坐下來寫「轉念作業單」，審視自己的想法。問自己那四個問題，然後找出它們的一些反轉念頭，就像下面這名年輕女子做的那樣。

我需要我父親的認可。

這是眞的嗎？

是的，我需要他尊重並欣賞我做的事。

我能百分之百肯定這是眞的嗎？

不能，但我仍然認爲我需要他的認可。

當我認爲我需要他的認可時，如何反應？當我相信那個想法時，我如何對待他？

首先，我試圖用我的成就來讓他覺得我很棒。我向他提到那些我透過新工作認識的名人、邀請他坐我的新車去兜風，並且盡量讓自己看起來時髦而充滿自信。然後我發現他似乎無動於衷，這讓我覺得受傷和憤怒，而他竟然從未聽說過那些名人也令我很洩氣。在車裡，他問我他應該把腿放在哪裡，我覺得很煩；看著我新穿的鼻環，他又問了：「你鼻子上那是什麼東西？」我很冷淡地對待他；而當他說他以爲芭莉絲．希爾頓是一家旅館時，我說他很無知。我假裝看不起他，其實是怕他說出什麼讓我難受的話。

這個想法拉近了我和父親的距離，還是造成了我們之間的隔閡？

它讓我覺得和父親距離很遠。爲了隱藏受傷的感覺，我越來越疏遠他；我們好像活在不同的世界，中間隔著巨大的代溝。

如果沒有「我需要他的認可」這個想法，我會怎麼樣？如果在他面前我無法抱持這個念頭，我會如何？

那會非常不同。我會感到很放鬆，不會談論太多工作方面的事，然後開始想要了解他——這些日子我對父親知道得不多。如果沒有這個念頭，當我想起他說的那些尖酸刻薄的話時，我體會到那並沒有要挖苦人的意思，他只是希望表現得風趣，試著跟我有連結，卻不知該怎麼做而已。我覺得自己再次向父親靠近了。

「我需要我父親的認可」——把它反轉過來。

我需要**我的**認可。

和原句比起來，這是不是同樣爲眞，或者更加眞實？

完全沒錯。其實我在父親面前炫耀的那些事讓我很不舒服。我們公司服務的那些人通常都是笨蛋，但我還是得把他們當王公貴族來對待，而且我一點也不喜歡上班穿的那些衣服。當我想到我需要我的認可時，我可以看到一些馬上能讓我得到我自己認可的改變，例如，我在工作上不必那樣卑躬屈膝；我可以放棄一些客戶；我可以穿不一樣的衣服……我還可以繼續舉例，而且其中沒有任何一項對我來說會是難事。

還有其他的反轉句嗎？

我需要認可**我父親**。

這是不是同樣爲眞，或者更加眞實？

沒錯。讓他知道我的這些發現，感覺一定很好。我了解到過去我是如何用我的防衛心來懲罰他了，我很想把這些事告訴他，然後給他一個大大的吻。我想讓他知道，他的某些笑話確實很好笑；我之所以不笑，反而假裝生氣，是因爲如果我笑了，等於在獎勵他對我的不認可。我眞寧願當時笑出來就好了。

還有其他反轉句嗎？

我**不需要**我父親的認可。

這是不是同樣爲眞，或者更加眞實？

是的。其實，當我認同自己時，我很快樂，並不需要其他人的認可。別人的認可只是錦上添花，是額外的，並不是我快樂的必要條件。不管怎樣，假如我父親認可的，是我不喜歡自己的地方，我也不會相信他，他的認可對我一點用也沒有。我知道他很尊重我解決自己問題的能力，因爲當他看著我掙扎求生時，並沒有試圖救我。說到底，我並不需要我父親的認可，因爲我早已擁有他的認可了。現在仔細想想，我可以找到許多他認可我的證據。

【練習】終極的認可給予者

當你相信你需要某人的認可時，這個練習是另一個檢視此信念的簡單方法。

請想出一個人（不管他是活著，還是已經去世了），他的認可對你很重要。或許是你的老師、良師益友、老闆、母親、父親、兒子、女兒、和你同行的專家，或者只是你愛抱怨的姨媽。現在自問你想要那個人怎麼說你，然後寫下能夠表達你所追尋的認可的字句。這是一個讓他們說出你想聽到的話的機會，舉例如下：

愛抱怨的姨媽：「我喜歡你為自己創造的生活，它既有趣又很有價值。」

小學三年級的老師：「我真是看走眼了，你並未成為無用之才。」

甘地：「你完全不像你以為的那樣自私。」

兒子：「你是個很棒的媽媽。」

老闆：「我很欣賞你做的事。」

神：「你很好。我真高興創造了你。」

現在把你寫下來的東西唸過一遍，然後問問自己是否同意這些人的說法。你同意你那愛抱怨的姨媽說的話嗎？（當然，現實生活中她可能不太會說什麼好聽話。）重點是，**你**認為自己的生活既有趣又很有價值嗎？如果你同意的話，請注意當你也這樣看自己、當你已經擁有你希望從姨媽那裡得到的那份認可時，你的感覺如何？現在，當你想到姨媽，或者想像你正和她一起消磨時光，請去覺察如果你不需要她的認可，會有什麼結果。

做這個練習時，或許會出現你並不完全認同的說法，例如你對自己工作的評價，並不如你想像中的老闆那麼好。若是發生這種情況，請問問自己：爲了得到**你的**認可，**你**能做些什麼來讓你對自己的工作感覺更好呢？

我是個攝影師，有一次，我得到一個非常難得的機會——參與一位知名導演的拍片工作。拍攝空檔，我老是在導演身邊轉來轉去，希望聽到他誇我做得好（我知道他一直透過監視器看著我工作）；當導演忙著跟演員說戲時，我就尷尬地站在一旁。有一回，他問我是不是想要什麼東西，我連忙搖頭，趕緊回到攝影機旁，為了自己如此渴望得到他的讚賞而覺得十分羞愧和沮喪。我還很不好意思地注意到，當我發現他知道我的名字時，我有多開心。

那天晚上，我回想白天的情景，問自己：「我到底想從導演那裡聽到些什麼？」答案立刻浮現：「你特寫拍得很好。」在此同時我了解到，我可以把鏡頭的左右轉動和上下傾斜做得更流暢一些。我注意到自己的焦慮完全消失了。

第二天的拍攝工作是一個全新的體驗。拍攝時，我按照自己的想法做了細微的修正，而導演和劇組的其他成員一起放鬆休息時，我也很自然大方地加入，但心裡並沒有「我需要他的讚美」這個念頭。沒有了隱藏的企圖，我開始注意並欣賞這位導演與眾不同的地方。那次之後，他又找我拍了幾部片，而除了他偶爾投來的微笑之外，我別無所求。

”為了讓人覺得我們很棒或很有趣，每個人都在做情緒體操，只為了得到自己已經擁有的事物。而因為忙著做體操，我們便看不見自己已經擁有了。“

如果沒有你需要尋求認可這個念頭，你會怎樣？

你可能只是過你的日子，讓人們去形成任何他們想要有的印象——對你、對其他人的印象——反正這本來就是他們一直在做的。如果你認為這簡直不可思議，或者讓你失去早上起床的理由，可以試試下面這個練習，它讓你在想像中邁出很小的一步，這一小步卻可以讓你的生命有很大的不同。

【念頭的實驗】一杯茶

想起一個人，你希望留給他好印象；

或者，你想得到他的愛；

或者，你害怕讓他不高興；

或者，你認為你受他的支配。

想像你和那個人在一起喝茶；想像喝茶的這段時間裡，你沒有一絲絲影響他的心智活動的企圖；想像你只想讓他有自己的念頭、喝他的茶、擁有自己的體驗。

盡可能具體想像那樣的情景：和那個人用這種方式坐在一起的感覺如何？留意一下，做自己是什麼感覺？你又在那個人身上注意到什麼？

以下這個例子是某個朋友用「一杯茶」的實驗來檢視一段工作上的關係。

每次要為雜誌寫一篇新文章之前，我都必須去紐約向責任編輯推銷我的點子，所以，我想像我和她一起喝茶的情景。

我注意到的第一件事情是，我感到很平靜。我覺得我將更了解眼前這個人，她擔任我的編輯已經好幾年了，但我從未正眼看過她，因為我每次都把注意力用來努力說服她讓我寫那篇文章。我總是竭力表現得才華洋溢，希望說服她採納我的點子。然而即使我成功說服了她，離開時總覺得筋疲力竭，對我的寫作計畫的熱情也減退許多。

我發現，更加了解她會很有趣，而且我會喜歡有她相伴。當我想像我就只是說故事、闡述自己的點子，而不要試圖影響她的看法時，我發現我其實是在對自己講話，只不過有她在場，我可以聽得更清楚一點。我在講的時候，我的點子也在發展、變化，這讓我更加喜歡自己的點子，至於她喜不喜歡則是她的事。我覺得自己樂於聽取她的建議，並且體會到，如果我可以用這種方式和她一起「喝茶」，不試圖影響她的觀點，許多好點子也許會自然浮現，我們就可以一起愉快地探索各種可能性。

我怎麼從來沒有真的和我的編輯一起喝過茶呢？做完這個練習後，我想起她曾經邀請我去看她的花園，但我拒絕了，因為我對自己的動機感到害怕：如果我接受邀請前往，我想我可能會假裝對她和她的花園感興趣，以便得到我想要的工作。當時我實在太擔心這件事了，以至於連問問自己是否喜歡她都沒有。真是太蠢了！做了「一杯茶」實驗後，我了解到我確實喜歡她，而且願意接受她的邀請。我們現在雖然還沒一起喝過茶，但有時會一起吃晚餐，我不但交到了一個朋友，為雜誌寫的文章也變得更好了。

”當你認為你需要別人的愛時，你有什麼反應？為了得到他們的認可，你是否成了奴隸？你是否因為擔心別人不認同你，而過著言不由衷的生活？你是不是想弄清楚別人希望你成為什麼樣的人，然後就像變色龍一樣試著變成那樣的人？事實上，你永遠無法以這種方式真正得到他們的愛。你努力變成某個不是你的人，然後當他們對你說「我愛你」時，你無法相信，因為他們愛上的是面具；他們愛的那個人根本不存在，那是你裝出來的。尋求他人的愛很難，也很致命，在追尋的過程中，你失去了真誠的事物。當我們努力想得到自己已經擁有的愛時，就為自己建造了一座監牢。“

第四章　何謂墜入愛河？

為什麼墜入愛河的感覺如此美好？為什麼你會認為是你的伴侶讓你感受到愛？為什麼你們不再相愛？這一章有個練習能夠幫助你發現愛的體驗的本質；你會發現愛一直都在那裡，既不會消失，也不取決於你自身以外的一切。

從朋友、同事、家人那裡尋求認可，是一個沒有休假的全職工作，其核心就是要追求終極的認可，要尋找歌曲裡頭描述的情景——有個人深情地看著我們說：「你就是我要找的那個人。」我們稱之爲「墜入愛河」。在這一章，我們要來研究一下何謂墜入愛河和結成伴侶，看看誰才是你要找的那個人。

阻礙你感受到愛的是什麼？

就像我們對其他許多重要事物的理解一樣，我們所了解的「墜入愛河」，常常也是本末倒置的。墜入愛河並不神祕，在「愛上」之前，我們只是失去了對愛的覺知，所以當我們發現那條回到愛的道路時，會覺得欣喜若狂，只是我們搞錯了自己是如何發現的了。記得那個在操場一角翻筋斗的小女孩嗎？她掌握著愛的關鍵。看看她那張閃耀著心滿意足光芒的臉，她只是非常高興地用自己的手臂和腿在翻滾。這時的她什麼也不想要、不需要，完全沉浸在當下，根本想不到其他東西。她翻的筋斗本身就是一種愛的表達。然而，當她又翻了一次，想看看能否贏得掌聲時，她的注意力便轉向外在，因而切斷了她與愛的連結。但是，**愛仍然在那裡，她失去的只是對愛的覺知，並非愛本身**。年紀漸長之後，人們就把這類經歷稱爲「失戀」，並認爲失戀和另一個人有關。

那個小女孩不知不覺被誤導了。她開始以爲，找回她的快樂——那完美時刻——的方式，取決於其他小孩的反應。儘管她隨時可以覺知到愛，但或許要經過多年之後她才能重新做到。她將花費漫長的歲月，在**自身之外**苦苦追尋愛與認可。

當你一直試著讓自己討人喜歡時，你的生活找不到一絲空隙可以喘息，並覺察你已經擁有些什麼，你也沒有機會去體驗那些空隙裡蘊含的無限選擇。即使已經引來崇拜者和支持者，你仍然忙著尋求結果。你必須確定你的朋友做了朋友該做的事，例如邀請你去參加派對、不讓你做你不想做的事、在你沮喪時安慰你等等。這些永遠都不夠，你會不斷地注意任何顯示你不被認可或不被喜愛的證據。

「墜入愛河」是個強烈的體驗，回想一下，也許你會記起那是你停止追求的時刻。你停下來是因爲你覺得自己已經找到了，你的心不再充滿追尋時的努力和拚命。你找到的其實是你在操場一角早已擁有的東西，而且從未眞正失去，可是現在你認爲它來自另一個人，來自那個你「一直在尋找的人」。

許多人的初戀都發生在青少年時期，到那個時候，在操場上自己玩得很開心那種簡單的快樂，早已消失殆盡（事實上是**你離開了那份快樂**，但看起來好像不是那樣）。陰鬱的念頭出現了，你開始擔心自己有問題，擔心永遠不會有人愛你。然後，奇蹟發生了——突然間，你愛上某人，可以停止追尋了。你愛上的也許是和你一起上化學課的男孩，或是你在搖滾演唱會上見到的歌手；也可能是電影明星，或是你最好的哥們兒的新女友。在這種愛裡，即使得不到對方的回應，你也會覺得幸福。你不介意完全沒有親吻對方的可能——也許是因爲你正戴著牙套、因爲你不願背叛朋友，或是因爲你根本不可能和搖滾明星見面。而這些也許正是你讓自己全然去愛的理由。

回想自己第一次的「迷戀」，你可能會發現，當初你喜歡的那個女孩其實和你的迷戀沒有任何關係。多年之後再相遇，你上上下下將她看個夠，卻搞不清楚自己當初怎麼會愛上她。那時爲了跟她結婚，你覺得自己什麼都願意做，而現在你暗自慶幸她從未注意過你。

如果愛不是來自他人，那還有誰？剩下的只有一個人：你。**你**給了自己愛的體驗。會有幸福的感覺並不是因爲你最好的哥們兒的女友有多棒、多性感，感受到美好和興奮的是你自己——就好像有人在你面前舉起鏡子，讓你看見自己的心。

有人說，迷戀一個人是幻覺，是不眞實的，因爲那完全來自你自己；但從另一個角度來看，迷戀和你其他所有的體驗同樣眞實，你只是弄錯了喜悅來自何方。它並非來自那個有著褐色眼睛的女孩或電影明星李奧納多．狄卡皮歐，而是來自一項你失去已久的能力——體驗純粹喜悅的能力。當你迷戀別人時，你讓自己又做回那個只爲了自己翻筋斗的小孩——那個你爲了追求一個你以爲會被他人認可的身分，而拋棄的小孩。我們認爲的「初戀」確實會把我們帶回到愛本身，而那就是原本的我們。

年紀越來越大之後，你發現了其他墜入愛河的方式。隨著青少年時期結束，你不再像過去那樣笨拙，透過練習，你獲得認可的技巧越來越好。多次嘗試之後，你也許會找到十分認可你的人，他們甚至會告訴你：「你就是我在尋找的人。」這句話眞中聽，你喜歡這樣被人認可。或許你也會因爲其他原因而認可他們，也或許不會，但即使這樣，也不一定會妨礙你因他們的認可而開心。

既然已經獲得認可了，你就可以暫時鬆口氣，不必再那麼緊張地去取悅和吸引別人。而當你不再努力之後，愛就會自然地湧出來，讓你沉浸在它帶來的快樂之中。有時候，愛多到讓你覺得你愛你遇見的一切人事物。也許你還是以爲這一切都是因爲那個人（他認爲你就是「他在尋找的人」），但是讓你感受到快樂的眞正原因，是你回歸了自我。愛一直都在那裡，唯一阻礙你感受到愛的，是你那些痛苦的念頭。

那樣的喜悅能持續多久？成人的愛就像迷戀一樣，會一直持續到痛苦的念頭將愛完全遮蔽。「如果她不是眞的愛我呢？」「他不聽我說話。」「她不該和那傢伙打情罵俏。」任何一個這樣的念頭都會毀了你的快樂。**只要你認爲愛——你偶然遇見的喜悅——取決於另一個人，那麼無論如何，快樂都會消失不見。**

大多數人相信只有找到某個特別的人，自己的生命裡才會有愛，才不會感到孤獨。這是個由來已久的信念，質疑它需要勇氣；但如果你做得到，結果會讓你大吃一驚：不管有沒有人在你懷裡，你都可以感覺到愛。那並不是說你不會有另一半，爲什麼呢？當「有」和「沒有」是平等的，你察覺到兩者都很好——生命允許所有的滋味。

有一首老歌唱道：「爲什麼傻瓜總是墜入愛河？」事實上，只有傻瓜才**不會**墜入愛河，只有傻瓜才會相信那些令人感到孤獨和焦慮的念頭——那些念頭告訴他：你和另一個人或全人類是分離的，你和小鳥、樹木、人行道和天空是分離的。

不要相信我，問問你自己。試著進行下面這個練習。

【練習】如果沒有「我的快樂取決於他人」的念頭，你會怎樣？

如果你正在用自己的感覺體會這個問題，這個練習或許有助於回答。

首先，讓自己回想一下愛對你的意義是什麼。對你來說，愛是什麼樣的體驗？要找出這個體驗，必須讓自己安靜下來，閉上眼睛，然後回憶你體驗到愛的某個時刻。請記起你的身體有什麼感受。也許那時你正躺在某個人懷裡，也許你正從跳板上跳下水去，也許你正注視著一個熟睡的孩子，也許你只是獨自做著平常的事。

當你找到愛出現的那個時刻，請試試你之前可能從未做過的事：把焦點轉向內在，讓自己再次體驗那時的感覺。不要把注意力放在你認為讓你感受到愛的人或事，而是去注意你的內在發生了什麼。專注在自己的感受中，細細體驗一會兒，這樣你就知道愛是什麼感覺了。

寫幾句話來表達那個體驗，注意自己要做些什麼，才能在此時或任何時刻再次體會到那種感覺。

以下是某位女士在做這個練習時的發現。

我的父母似乎想要把我教養成某一種女兒：安靜、保守、有才華卻不張揚、對人恭敬、聰明但謙虛。我以為只有成為那樣的人，才能得到父母的愛和認可。

這個遊戲不容易玩，但我把規則學得很好，看起來，我正是他們期待中的好女兒。我因此學會，如果要讓人喜歡我，我必須弄清楚他們對我的期待，然後假裝成那樣的人。這樣做似乎非常有效，尤其當我開始吸引異性的時候。

從十五歲到二十五歲，我努力讓許多男孩和男人愛上「我」。那些戀愛經歷都充滿激情且令人難忘，但我覺得自己從未真正投入。一旦得到對方的關注，我就會抱怨他並不愛真正的我，然後離開。

有個男人打破了這個模式，他沒有回應我的刺探——那原本是我設計來找出他對我的期待的——甚至好像沒有注意到那些小手段。他只是看著我，聽我說話。我知道他愛上我了，但我無法揣摩出他的看法，因此不知道該怎麼做、該成為什麼樣的人。當我在一家豪華餐廳哭出來時，他帶我出去、坐進車裡，然後摟著我，讓我在他懷裡盡情哭泣，甚至沒問我為什麼要哭（當然，那時我也無法解釋自己為何哭泣）。

某天晚上，我們計畫去他的住處共進晚餐，然後在他那裡過夜。那天傍晚他打電話給我，說他工作太累了，想取消我們的約會，下班回家後早點上床休息，隔天再跟我碰面。我覺得自己被拒絕了，心裡十分憤怒，但我卻對他說：「沒關係，我也累了。」放下電話後，我打扮了一番，然後出門去舞廳，打定主意要吸引另一個男人來報復他一下。但是到了舞廳之後，我就只是坐在那裡，開始問自己到底發生了什麼事。「他拒絕了我。」「他在玩弄我。」我發現自己並不真的相信這些念頭。我領悟到，玩弄人的是我，而我根本不必要什麼手段，也不需要贏。這樣想之後，一陣輕鬆的感覺流遍我全身，然後音樂開始流過我。我情不自禁地一個人跳進舞池，真正因喜悅而舞。我跳了好幾個小時，哭著、笑著，大汗淋漓。

這就是做這個練習時我重新體驗到的愛。當我看進自己的內在，這就是我對愛的體驗。我可以停止掙扎、不再恐懼，我可以只是做我自己。

愛的故事這樣發展

我們都知道，墜入愛河的感覺很美好，美好到你希望透過結成伴侶，讓那份感覺永遠持續下去。此刻的你正在休息，暫時無須追求認可，不必經受所有伴隨那個追尋而來的痛苦念頭。另外，你還享受著頻繁的性愛——對大部分人來說，這是少數幾種能讓人暫時從念頭當中解脫的方法之一。然後，愛似乎會漸漸消失。爲什麼我們會有這樣的印象呢？

這裡有個故事，是關於一個安靜而愛家的女人強烈地被一名賽車迷吸引。他們是在她工作的地方認識的，她是個圖書館員。約會時，她假裝自己喜歡看賽車，還會參加漆彈野戰活動和隨後舉行的慶功派對。他注意到她似乎有些緊張，但他以爲她就是她表現出來的那種人——他的「多愁善感版」。而他也假裝自己喜歡日本料理，喜歡待在家和她一起看電影，而不是和朋友一起去運動酒吧。她以爲這個男人是她的「外向版」。他們墜入了愛河，很快就住在一起。

因爲被人接納和認可的感覺很令人興奮，又沒有任何方法可以了解他們之間發生了什麼，這對戀人繼續認爲是他們的面具帶來了愛。然而，即使幾乎完全沒意識到這件事，他們還是感到懷疑、恐懼。當一個人對另一人說「我愛你」時，他們兩人都無法眞心相信，縈繞在心頭的想法是：「他（她）愛的是我裝出來的那個人，我不相信他（她）會愛上眞正的我。」（如果他們已經有過幾次戀愛經驗，那他們還隱藏了這個想法：「我喜歡他裝出來的樣子，我不確定自己會不會喜歡那個眞正的他。」）

剛開始，這些疑慮不會造成太多問題，因爲這對戀人正沐浴在幸福的感覺之中，而他們把這種感覺和對方連在一起。

但隨著時間過去，維持面具所需的努力造成了負擔，那些隱藏住的懷疑出現得越來越頻繁，於是，愛的節慶被破壞了。有一天她向他坦承，週末的時候她寧願待在家，而不是去看賽車。這讓他覺得困惑且失望（儘管他也一直很擔心自己從圖書館出來時會被朋友看到），因此，兩人開始互相指責了。

她說：「你騙了我。你說你晚上喜歡待在家裡，願意把時間花在經營我們的感情上。」或者，「你以前喜歡和我一起待在家裡，但現在你變了，你不愛我了。」

他說：「你騙了我。你說你和我有相同的喜好，不管做什麼都要跟我在一起。」

在內心深處，他們都知道對方說得沒錯，但他們認爲如果承認而不反駁，自己就會落居下風。儘管兩人都很想不要再假裝，但他們還是堅守著這個到目前爲止似乎很管用的信念。所以，他們繼續待在自己創造的角色裡（此刻，他們不再意識到這些只是角色），覺得失望且憤怒。

現在，這對戀人可能認爲他們根本不喜歡對方，而且在還沒眞正了解跟自己生活的那個人之前，他們或許就會分手。他們從原先的面具，直接變成操控那個代表「我」的憤怒木偶，兩人都覺得對方背叛了自己。

會陷入這樣的僵局，往往是因爲戀人們拒絕了那些往反方向走的機會。例如她可以說：「親愛的，你說得對。我曾經試著喜歡賽車，但我就是討厭，每次去看我都得戴耳塞。我那樣做是爲了讓你愛我、接受我，覺得我夠有趣。有用嗎？」

「什麼！」

「我承認我騙了你。我假裝喜歡看賽車，因爲我擔心如果不那樣做，你可能不會愛我。是不是這樣？如果我沒有假裝喜歡賽車，你也會愛我嗎？」

現在他處在分岔路口：是要承認自己說喜歡壽司是謊話，還是要指責她是個騙子，並且繼續操控他那個憤怒的「我」之木偶？她冒險說了實話，假如他也冒險說出自己的懷疑和恐懼，他們就會改變方向，去詢問並找出對他們來說什麼才是眞相。他們或許會有某種眞誠、美好的轉變——開始誠實地面對自己，然後，或許甚至可以誠實地面對彼此，誰知道呢？

”你如何知道某一段關係好或不好？當你跟「好」不同步時，你是知道的，因為你不快樂。而如果你覺得一段關係裡有任何一點不好，就必須去質疑自己的念頭。你有責任想辦法找回和自己的關係，而且那段關係是要有意義的。

當你和自己建立甜蜜關係時，你的伴侶只是附加的快樂，是錦上添花。

愛情是關於你如何需要他人來使自己完整的故事，這個故事絕對瘋狂。我的經驗是，我不需要任何人來使我完整；當我領悟到這一點，每個人都可以使我完整。”

第五章　你的行爲是愛，還是交易？

這一章指出當你把愛情建立在虛假的身分和愛的錯誤概念上時，會有什麼結果，還揭露了人們普遍相信的迷思：「愛就是讓我的願望和需要得到滿足。」其中有些練習將讓你清楚看出「需要」和「愛」的不同。

許多伴侶在摘下面具之後，儘管產生了失望和怨恨的情緒，仍然在一起。他們還是想從對方那裡獲得些什麼，而且認爲自己可以得到。舒適和安全感是他們常要的兩樣東西。他們看著對方，心想：「你不是我們剛認識時假裝的那個人了，但**如果你滿足我的願望**，我會和你在一起，並且繼續把這個叫作愛。」他們相信舒適和安全感足以彌補失望，並爲自己勉強接受這兩樣東西找藉口，說這是符合現實且不可避免的事。他們的思想充滿了「愛不可能長久」「我只配擁有這樣的關係」「和一個我不愛的人在一起，總比一個人好」這類令人痛苦的信念。

安頓下來到底有多舒適？在布置溫馨的小窩裡，那對伴侶心想，他們爲了舒適而放棄激情，因爲舒適已經夠好了。他們期待對方提供巨大而可靠的安全感，來彌補那失去的激情；如果他們的伴侶無法滿足他們對安全感和舒適的要求——那張清單往往很長——他們的憤怒就會炸開來。

假設她一直盡全力提供他想要的，常常假裝他的願望就是自己的願望，但有時候，她很清楚自己並不是眞的想要做那些事。她告訴自己：「我犧牲我的快樂和生活去取悅他，讓他開心，是爲了擁有他的愛。」然後，她有一件事沒做好，他就發火了。她越想越氣，終於自以爲是地大爆發。原來在溫馨舒適底下，隱藏著許多憤怒，那些代表「我」的憤怒木偶又登臺表演了，而原本就存在的怨恨再度浮現：「你從一開始就在騙我。你變了，你不是和我結婚的那個男人（女人），你不愛我了。」

馬上就變成憤怒的，會是愛嗎？

你覺得你有理由生氣，畢竟你付出那麼多，向對方全然敞開，讓自己毫無防備，你覺得你有權要求另一半和你的願望一致。

然而現實是，他並不認可你想要的那些，只是繼續要**他**想要的，無法改變他的願望來配合你。**你**會為了配合他人而改變**你的**願望嗎？**你**能讓自己要你不想要的東西嗎？知道了吧？他跟你是一樣的。

“我們利用自己的美貌、聰明和魅力來捕獲另一個人作為伴侶，彷彿他是隻動物；而當他想要逃出籠子時，我們便會勃然大怒。在我看來，這其中並沒有多少愛，也不是愛自己。我希望我丈夫要他想要的，也察覺到我別無選擇。這就是愛自己。他做他想做的，我喜歡這樣，這就是我想要的，因為當我與現實對抗時，我覺得很痛苦。”

爲了得到愛，你會做哪些平時你不願做的事？

有個年輕人第一次在女朋友家過夜，她第二天早上爲他準備了她最喜歡的早餐——燕麥粥。他沒提起他討厭燕麥粥，因爲他不希望兩人之間出現不和，尤其是在他們剛剛發生性關係之後。他沒有質疑過「告訴她眞相會讓她不高興」這個想法。

結婚後，她經常做燕麥粥，他也繼續吃著。他想，如果現在承認自己討厭燕麥粥，肯定會讓她更不高興，因爲那表示他長期以來都不誠實。他寧願繼續吃燕麥粥，也不願面對他認爲妻子知道眞相後會對他產生的看法。所以，二十三年後，燕麥粥仍是他常吃的早餐。

你的生命中有這樣的燕麥粥嗎？爲了得到愛，你會做哪些平時你不願意做的事？我向一些朋友提出這個問題，其中一位列出以下清單：

- 我為他熨襯衫。
- 我做美味的晚餐，並且假裝我喜歡做。
- 我假裝無論他說什麼都不會傷到我。
- 我假裝他說的話讓我比實際感覺到的更難受。
- 我假裝我總是很在乎他說的話。

‧我常常很晚睡，但我強迫自己成為早起的人。
‧有一次，我把自己的頭髮剪得很短很短。
‧為了證明我把他放在第一位，我有意地疏遠家人。
‧我努力不讓自己為母親的去世而悲痛。
‧我選擇了自己不感興趣的工作。
‧我穿不舒服的內衣。

列出那些要不是爲了得到愛，你根本不願意做的事，然後想像自己逐項唸給另一半聽，並且問他（她）：「這樣做有用嗎？這是你喜歡的嗎？」

「如果你愛我，就會照我的要求去做」——這是眞的嗎？

一群馬首尾相接地在原野上吃草，輕輕地用尾巴爲彼此拂去臉上的蒼蠅；夜晚來臨時，牠們站著睡覺，把頭放在彼此的肩膀上休息。平靜地相互回報看起來就是這個樣子，但「文明」的人類卻學會用回報來互相折磨——「如果我爲你做了些什麼，你就欠我人情；如果我給你我的愛，你最好也用愛或某種同等價値的東西來回報我。」

假如你不回報，會發生什麼事？我會收回對你的愛與認可，然後以怨恨代之。爲了避免產生怨恨，每段關係中的規則指定了哪些事你必須做、哪些事你不能做。這些規則並沒有被寫下來，甚至從未被提起，你是因爲觸犯了規則，才知道它們的存在。當你看見我生氣，你就知道自己一定違反了某項規則，例如做了不該做的事、回家太晚或太早、忘了做某件事或說某句話。也許你該問問你到底是哪裡做錯，但是請小心，其中一條規則可能就是「你應該不必問就知道」。

當然，你也可以用同樣的方式發現**你**對**我的**行爲有些什麼要求。你怎麼知道我違反了你的規則？當你生我氣的時候，你就知道了。

無論如何，就算你盡全力弄清楚所有規則，並嚴格遵守，就能得到我的愛嗎？不能。爲了維持這段關係，你在我面前必須小心翼翼，盡量不惹我生氣。愛似乎消失了。它去了哪裡？透過質疑「如果你愛我，就會照我的要求去做」這個想法，你會找到答案。

大部分人從有記憶開始就相信這個想法。小孩子認爲自己的玩伴應該想要玩**他**想玩的遊戲，如果對方不願意，他們就會大吵一架，然後兩個人都氣急敗壞地跑去跟大人抱怨：「我不要再跟他當朋友了！」這個小孩完全表現了「是朋友就該聽我的，做我想做的事」這樣的信念，他是從父母那裡學來的。他的父母說他們愛他，而且當他乖乖聽話時，用讚美來獎勵他；當他不順從時，他們就懲罰他。既然他的父母相信「順從是愛的表現」，他怎麼可能去質疑這個想法呢？

那些未經質疑、跟需求有關的信念，讓我們開始追求愛與認可。難怪我們即使贏得某人的愛或認可，那些念頭還是會再次出現。我們還沒學會如何質疑自己想從愛裡得到什麼、質疑自己的信念；我們不知道自己可以只是單純去愛，可以直接說出自己想要的，沒有附帶條件。

質疑「如果你愛我，就會照我的要求去做」的想法

這本書的書名也可以叫作「關於愛的兩個彌天大謊」。在「你眞的需要他人的認可嗎？」那一章，我們檢視了其中一個天大謊話：「爲了讓人喜歡我，我必須贏得他們的好感。」（也可以說成：「我能操控你的愛與認可。」）現在，我們來看看另一個：「如果你愛我，就會照我的要求去做。」這句話似乎很合理，合理到整個人類文明都建立在這個基礎上。這樣的說法怎麼可能有錯？讓我們停下來質疑一番。

接下來這份轉念作業中的女士企圖盡量徹底地質疑這個信念。你在讀的時候，把句中的「你」換成你生活中的那個「你」——那個沒有照你的要求去做，被你認定不愛你的人——看看你會發現些什麼。

「如果你愛我，就會照我的要求去做。」——這是眞的嗎？

似乎是這樣。

我能百分之百肯定這是眞的嗎？實際的情況是怎樣？

不，我不能百分之百肯定這是眞的。實際的情況是，有時你並未照我的要求去做。

當我相信「如果你愛我，就會照我的要求去做」這個想法時，我有什麼反應？

我用等價交換的概念來評估你爲我做的一切，以及我爲你做的一切。我心裡有張兩人關係的計分表，用來衡量你給了我多少愛。我列出各種要求，以委屈的模樣明說或暗示唯有滿足我的要求，我才會愛你。我還有另外一些清單，列出如果你眞的愛我就會去做的事；有時我會很生氣地說出來，有時則在心裡把這些當作你不愛我或不珍惜我的證據。我會冷落你、不理你——用你沒有達到我的要求當作藉口；我不和你做愛、不給你我暗中想要給你的東西。我對此感到十分羞愧、內疚，恨自己這樣對你，於是開始暴飲暴食、拚命抽菸喝酒，然後藉由指責你不公平，來爲自己的行爲辯護。當我覺得寂寞或空虛時，便對你發火，心裡想著如果你按照我想要的去做，我就不會有這種感覺了。而最後我得出的結論往往是：你不愛我。

若我不相信「如果你愛我，就會照我的要求去做」這個想法，我會怎麼樣？假如這個念頭只是像空氣一樣掠過我的腦海呢？

看著你時，我不會在心裡打分數，也不會去琢磨你做的某件事到底代表愛我或不愛我。如果你沒有照我的要求去做，我可以接受。我會了解你不做的原因，以及為何當時那對你來說是正確的；如果我不了解，會去問你。我不會認為你是針對我，會保持平靜和快樂。如果我要你做的事情是我做得到的，我會自己去做。沒有了「如果你愛我，就會照我的要求去做」這個想法，我會回歸自身。我會覺察到我愛你，然後繼續做自己的事，就好像你在我生命中只是一個我愛、我在乎的人。我會變得更平靜、更快樂；我會感激你；我會更喜歡自己。

把這個想法反轉過來。

「如果你愛我，就**不會**照我的要求去做。」沒錯，我覺得這更加真實。我可以舉出三個例子，說明我的生活因為你沒照我想要的去做，而變得更好。第一個例子：我記得有一次我想買一支股票，你說那不是個好主意，堅持不買，結果那支股票淪為雞蛋水餃股，我們用本來會賠掉的錢買了 Prius 油電混合車。謝謝你沒有屈從我，我愛我們的 Prius！第二個例子：我要你和我的朋友一起去印度餐廳用餐，你非常明確地拒絕了。這讓我很敬重你。我敬重你沒有為了取悅我而和我們一起去，你愛護你的胃、你的時間和你的誠實。第三個例子：我要去拉斯維加斯看孫子，很希望你和我一起去，但那個週末你決定不去，因為你想要在家享受獨處的時光。我深深感謝你避開了那個週末和我們的孩子及孫子在一起時的忙亂與喧鬧：為雙胞胎買東西，廚房裡的鬼吼鬼叫，持續不斷的笑聲、食物和音樂。想到你獨自一人閱讀、工作、泡澡、和美好的自己對話，以及過著我倆在一起時都非常喜愛的生活，我覺得很高興。我敬重你爲人正直、誠實，孩子們也是，他們從你的踏實穩健中學到很多。我喜歡你對自己、對孩子、對我都是那麼慷慨，喜歡你知道自己要做什麼或不做什麼時的那份堅定，也喜歡你對事情的堅持——不管他人說什麼，包括我在內。

還有其他反轉句嗎？

「如果**我**愛我自己，就會照我的要求去做。」是的。有時候，我覺得內心有個聲音在告訴我什麼對我是好的，但我常常忽略它，即使那聲音出現了兩、三次，我也當作沒聽見；有時候，我不去做自己想做的；另外我注意到，有時我甚至忽略最簡單的內在指引。例如，我想打電話給孩子，聽聽他們的聲音，但我有時只是想想就算了。我剝奪了自己聽到孩子聲音時的快樂。

還有其他反轉句嗎？

「如果**我**愛**你**，就會照**你的**要求去做。」是的，我能體會到這一點。如果我愛你，就會照你想要的去做——當那也是我內心眞實願望的時候。在這樣的時刻，我倆意見一致，就是這麼簡單，而且傾聽你、在你需要的時候支持你，對我沒有半點損失——事實上，那也是我想要的。當我放下輸贏時，給你我眞正想給你的東西是那麼容易，而且受惠的人還是我自己。我了解到，給予你就是給我自己快樂，當我給予你想要的東西時——例如，當我跟你去你想去的地方，即使我認爲我不會有興趣——我對自己和你都會有很多新的認識。你的生活還有許多我尚未發現之處，因爲我先入爲主地認爲自己不會喜歡。去做過去我拒絕做的事或許會很棒，哪怕只是爲了看看做了以後會怎樣都行。當我照你的要求去做時，我的生活往往變得更加有趣。敞開我的心去傾聽你，讓我從中學到很多。

「如果你愛我，就不會照我的要求去做。」「如果我愛我自己，就會照我的要求去做。」「如果我愛你，就會照你的要求去做。」——假使愛情裡包含了這些反轉句的任一個或全部，那代表什麼呢？那表示你可以快樂地把愛和需要分開，開始活出自由。

還記得上一章結尾時提到的那個和圖書館員住在一起的男人嗎？他很驚訝地發現她不喜歡賽車，也不想再和他去看汽車比賽了。如果他了解到，愛跟她是否照他的意願去做沒有關係，那會怎樣呢？他們接下來的生活會是什麼模樣？

「一會兒見，我去看賽車了。你想等我回來一起去吃晚飯嗎？去休斯頓餐廳吃肋排怎麼樣？」

「不了，謝謝，親愛的。我很高興你邀請我，但我要去參加詩歌研討會。」

「好吧。跟你的書和貓在一起，你看起來確實很快樂。」

「你看上去也很開心。好好玩，回頭見。」

誠實的溝通

知道「愛一個人」和「要他去做你希望他做的事」之間的差別，並不表示你不能對他有所要求。你當然可以，但你要知道，他的回答和他對你的愛沒有任何關係。你會發現，當你沒有隱藏的目的時，說出自己的要求會容易許多；而當他意識到，無論他答應與否你都不介意時，你們將體驗到不可思議的親密感。

【練習】誠實地說「不」

誠實的溝通始於你和自己的交流。這意味著無論別人對你的回答會有什麼反應，你都要說出自己真實的想法。首先，你必須找出什麼是你真實的想法，不誠實的「是」，對你自己來說就是「不」。

請試試：當某一項要求讓你覺得不安時，想像自己直率地說「不」。你認為這樣做會發生什麼事？寫下浮現出來的那些讓你害怕的念頭，質疑它們，尤其是這種：「如果我說『不』，他會不愛我。」「如果我說『不』，她會以為我不愛她。」

比方說，在下雨的夜裡，上中學的女兒想借你的車去參加深夜派對。她說那場派對對她很重要，如果你不把車子借給她，她會恨你一輩子。當你猶豫時，你都在想些什麼？現在，請仔細審視那些念頭：「如果我說『不』，她會恨我——這是真的嗎？相信那個念頭時，我如何反應？如果沒有那個想法，我又會怎樣？而這個念頭的反轉句是什麼？」

又比如，你最好的朋友要去夏威夷三星期，他問你可不可以把狗寄養在你狹小的公寓；或者，你的男朋友想和你做愛，但是你不想。找出你覺得進退兩難時腦子裡出現的念頭，然後進行轉念作業，加以審視；了解到那些念頭說的「不」，對你來說或許是「是」；也請注意，即使在說「不」的時候，你還是可以無條件地愛。

人們有許多要求，一旦你發現自己誠實的答案是「不」，那麼如果可以同時傳達愛，說「不」就很簡單了。「不」是你答案的一部分，確認你的愛則是另一部分。以下這些例子示範了如何對別人的要求誠實說「不」，同時讓對方明白你聽到了他的要求，並尊重他說出自己的願望。找出對你來說最有愛心、最自然、最真實的詞彙，試試這些表達方式，看看忠於內心的感覺如何。

- 謝謝你問我，但是我得對你說「不」。
- 我了解，但是我得對你說「不」。

- 你可能是對的，但是我得對你說「不」。
- 我很在乎你，但是我得對你說「不」。
- 我看得出來它對你有用，但是我得對你說「不」。
- 我想讓你高興，但是我得對你說「不」。
- 我很怕對你說「不」，請給我一些支持，但此刻我的回答是「不」。
- 我現在還不知道，請過一段時間再問我。

說出你想要的

如果無法清楚傳達自己的想法，你可能過著不被愛、不被理解的生活，從來不知道假如說出自己想要的，你的整個世界都會改變。請記住，**清楚溝通的第一步，就是和自己交流**。

想像你想要某樣東西卻開不了口。你希望從你的另一半那裡得到，或者因為沒得到而怨恨他，也或許你試圖透過給他暗示或做出委屈的樣子來操控他，讓他感到內疚，而你一直覺得他不愛你。現在，想像你直接說出自己想要的，然後寫下你對可能產生的後果的擔憂。例如，「今年的感恩節我想自己過，去參加瑜伽體驗營。如果告訴我丈夫，他或許會……」「我希望我妻子對我更溫柔一點。如果我要求她多摸摸我，她可能會……」現在，請質疑這些念頭：「如果我要求她，她會拒絕我——這是眞的嗎？我能百分之百肯定這是眞的嗎？相信這個念頭時，我如何反應？沒有那個想法，我又會怎樣？這個念頭的反轉句是什麼？」

一旦把愛和需要分開，說出自己想要的事物會容易很多。但你必須開口要求，別人沒有特異功能，不可能猜到你想要什麼。

練習開口去要求，今天就向三個人要點什麼。提出要求時，不必特意表現得親切、別企圖操控他人，也不要小心翼翼，只要坦白、清楚地提出你的要求，不必做任何解釋。當你這麼做的時候，請注意可能隨之浮現的恐懼和如釋重負的感覺。假如你直接開口要你想要的，而不是怨恨你沒得到自己沒開口要求的東西，你會是什麼模樣？

向你自己要

開口要求你想要的東西時，你必須了解，別人並不總是可以或願意滿足你的要求（有時即使願意也不是衷心的）。遇到這種狀況時，你可以去要求另一個人，或者反過來向**你自己**要，給自己你認爲你想要的東西。如果每個人都對你說「不」，你還能向誰要？顯然，你自己就是那個你一直在等待的人。

或許你希望某人對你更坦誠、和你聊聊、別跟你說那麼多話、做你的朋友、別打擾你、不要老是當好人等等，你能把這其中的某一項給你自己嗎？也許你想要個擁抱，那麼，你認爲擁抱能給你什麼？感受一下，然後給自己一個擁抱。如果這樣做沒用，直接請人擁抱你；假如對方不願意，而你仍然希望被擁抱，就去找下一個，不行的話，再找另一個，直到你獲得擁抱爲止。除了你，有誰能阻止你這樣做？

或許你發現自己眞正想要的是愛。如果是這樣，請留意想用其他事物來換取愛的衝動。假如你停止交換，允許自己去感受愛，那會怎樣？比方說，假設你覺得另一半不愛你，對你好像漠不關心，突然間，你產生了一股衝動，想買個禮物送他或「慷慨」地爲他做點什麼；然而，如果你觀察得仔細一點，或許就會注意到你正試圖用禮物換取關注。

假設你沒有去換取他的關心和注意力，而是給自己你想要的關注——當然，這代表你要去質疑那個讓你痛苦的念頭。在剛才的例子裡，造成你痛苦的念頭可能是：「他對我漠不關心，那表示他不愛我。」這是眞的嗎？你能百分之百肯定這是眞的嗎？相信那個念頭時，你如何反應？如果沒有那個想法，你會怎樣？你要如何反轉那個念頭？

做完轉念作業後，看看自己是否還想買個禮物給他。也許你仍然想買，但你並非想用禮物來交換什麼。**有個方法可以分辨你的行爲是愛，還是交易：當你出於愛而送某人禮物時，你就把快樂給了自己。**

”跟我結婚的，是我內在的聲音。所有婚姻都是那個婚姻的隱喻。我的愛人是我內在那個發出誠實的「是」或「不」的地方，那才是我真正的伴侶，它一直在那裡。當我真正想說「不」，結果卻說「是」的時候，我就與那個伴侶離婚了。“

第六章　各種人際關係問題的轉念作業

這一章有許多人際關係獲得改善的例子。當你願意無情地評斷對方，然後再質疑你那些批判時，你們關係中的問題將不復存在。

我們已經看過兩個對愛的基本誤解：第一，你必須操控他人來得到愛；第二，愛意味著獲得你想要的。透過初步質疑，或許你已經發現這兩個想法對你而言都不眞實。顯然，建立在這種基礎上的關係會很辛苦。只有對自己誠實，你才可能擁有快樂的人際關係。

那麼，該如何對自己誠實呢？第一步就是記住，你最親密的關係，是你和你的念頭之間的關係——無論你是已經結婚二十年且有六個小孩、單身但有交往對象，或者是離婚、失戀、獨居或以上三種狀況的任意組合。沒有開放的頭腦，就不可能有開放的心。

當你的伴侶正坐在房間的另一邊看書時，或許你心裡會想，她眞美啊！也或者你會想，她應該和你說說話，而不要坐在那裡看書。這時她可能正好抬起頭來，發現你在看她，便問道：「你在看什麼？」然後你也許會對自己說個故事，來解釋她這句話是什麼意思。如果你相信自己想出來的故事——「我把她惹毛了。」「她不想被打擾。」或「她認爲我在虛度光陰。」——那你接下來的反應就跟她一點關係都沒有了，你只是在回應你認爲她會有的想法。

以轉念作業對付自己的念頭，讓你可以用理解去面對你的另一半。**決定你和她之間關係的品質的，不是你對她的看法，而是你是否相信你對她的看法。**「她應該把注意力放在我身上」這種瘋狂、容易引起爭執的念頭，不請自來地飄入你的腦海——甚至不是你在想那些念頭，而是那些念頭在想你。壓抑或企圖控制那些念頭從來都不管用，但如果你質疑並開始去理解，它們將不再有力量困擾你，或是讓你做出任何缺少智慧、不寬容的事。當那些曾經困擾你的想法再次出現時，你可能會注意到自己正微笑地看著它們悄悄離去，回到它們來的地方。

在這一章，你將看到有各種人際關係問題的人，用四個問句和反轉步驟來審視自己的念頭。這些段落取自眞實對話紀錄——我問問題，由參加工作坊和課程的學員回答。你或許能認出一些也存在你自己關係之中的誤解，並且愉快地看到當背後的想法被質疑時，那些誤解是如何消融的。

當你的關係之中有讓你受傷的事物，卻又找不到原因時，你也可以進行相同的程序。坐下來，在紙上寫下你的想法，將焦點放在你對對方的抱怨上，不要心軟。可能的話，請誇大你在對方身上找到的缺點，把第307頁的「批評鄰人的轉念作業單」當作指引，寫下對方是如何無禮地對待你、他應該或不應該做什麼、你對他的期望和需求是什麼、什麼是你再也不願忍受的。當你把這些都寫下來之後，請質疑自己的想法，問四個問題，然後把它反轉過來。

”一旦開始質疑自己的想法，我們的伴侶——無論還活著或已經去世，或者離婚了——永遠是我們最好的老師。和你在一起的那個人沒有任何錯，無論你們的關係如何，對方都是你最完美的老師——一旦質疑自己的念頭，你將清楚看到這一點。這世間從來沒有錯誤。

所以，假如你的另一半正在生氣，那很好；如果他身上有某些東西被你視為缺點，很好，因為這些缺點其實是你自己的，你把它們投射到對方身上。你可以把這些缺點寫下來，然後進行轉念作業，加以審視，讓自己自由。有人會跑去印度找靈性導師，但你不需要，因為你就和一位靈性導師住在一起。你的另一半會給你獲得自由所需的一切。”

我的女朋友沒有讓我快樂

我很氣我的女朋友，因爲她沒有讓我快樂。

「她應該讓你快樂」——這是眞的嗎？

那是我想要的。

你能百分之百肯定她應該讓你快樂嗎？

不能。

這樣想注定會爲你帶來很大的痛苦。當你相信這個念頭時，有何反應？

嗯，我很生氣，悶悶不樂，充滿怨恨。

當你相信這個念頭時，如何對待她？

我對她發火，跟她說話時很不尊重她。有時，我會像小孩一樣對她發牢騷。我不珍惜她爲我做的一切，不感謝她。

沒有「她應該讓你快樂」這個念頭，你會如何？

獨立且自由。

會快樂嗎？

至少會快樂一些。

我也同意。現在把「她應該讓我快樂」反轉過來。

我應該讓我快樂。

現在說出三個能讓你快樂的具體方法——三件你沒有讓自己去做、卻因此責怪她的事。

嗯，我會和朋友一起去多看幾場球賽；我會看更多體育節目，而不心存愧疚；我不會覺得自己每次都必須跟她一起去和她姊姊、姊夫吃飯。

很好。除了你自己之外，你不必等任何人來讓你去做這些事。你可以爲自己的快樂負責，讓她喘一口氣。能讓你這樣做的一個方法，就是繼續去探究你的思考過程，讓自己從「我的生活都是女友的責任」這個念頭中解脫。你只能從內在發現眞正的快樂，除此之外，你什麼都不需要。還有另一個反轉句。

我應該讓我的女朋友快樂。

是的，爲了你自己，因爲這是你自己的人生觀。當然，你不可能讓她快樂，你不可能讓任何人快樂，那是沒有辦法的。但你可以買花送她，對她好一點、慷慨一點，並且在你認爲她應該爲你的不快樂負責時，檢視一下自己。你可以把你自己想要的那些給她，這種給予會爲你帶來快樂，而這正是你希望從她那裡得到的。如果我想在早上讓我丈夫喝杯咖啡，我會把咖啡煮好，拿去給他，然後把咖啡放下來；如果他不要，我會了解那反正不是爲他做的。我煮咖啡時很愉快，我只是在爲自己服務。無論他要不要喝，當他說「謝謝」時，我會很納悶他到底在謝我什麼，我替他煮咖啡是爲了**我自己**，爲了體現我對他的愛。一旦了解這個道理，生活就是一場美好的夢。

妻子對我要求太多

我的妻子對我要求太多。

這是眞的嗎？是誰活在謊言裡，在心裡想著「不」的時候說「好」？她如何讓你按照她的要求去做？

我覺得我必須做那些事。

換句話說，你對她說「好」。你說了謊，給了她你不想給的；而當你這樣做的時候，你爲自己帶來了痛苦，然後你說這是她的錯。如果你誠實以對，也許你會說：「親愛的，我希望我會想爲你做那件事，但事實上，我現在還不想，而且可能永遠也不會想要做。我正在努力。」或者「我不想做那件事，我們能不能一起想想還有沒有其他解決方案？」有那麼多方式可以體貼而坦率地說「不」，結果你卻對她說「好」，因爲你相信你需要從她那裡得到些什麼，而你害怕如果你不說「好」，她不會給你那樣東西。小我不會愛，它們總是想要些什麼。當你心裡想著「不」卻說「好」的時候，你欺騙了她，也欺騙了自己，你是爲了得到你希望她給你的東西而說謊。所以，誰的要求比較多？你，或是你的妻子？

我了解了，我其實是在要求她的認可。

她可以一天對你要求個一百次，而你可以對她說：「我愛你，但是不行。」如果她說：「你不做的話，我就會離開你。」你可以回答：「我了解。」然後等著看會發生什麼事。她會離開嗎？她會留下嗎？但假如你心裡想著「不」，卻對她說「好」，你就失去了誠實、失去了自己，而你自己才是那個和你生活的人。親愛的，如果你對她說「好」，而那是個謊言，你不但失去了自己，還有可能失去她。我前夫會對我提出任何要求，如果我不想做，就會告訴他實話，例如：「我愛你，但是我做不了。」我不一定要告訴他那樣做會違背我的心。通常，他會對我大吼大叫、咒罵我，並威脅要離開我，我就會說：「我明白。」然後他會說：「你會後悔的。」我則會回答：「你說得可能沒錯。我愛你，但我無法做你要求我做的事。」然而，假如我心裡想說「不」卻對他說「好」，我會再次失去自己，而我自己才是那個和我一起生活的人。如果我對他說「好」，而那是個謊言，我就會把我的婚姻輸給我自己，他則會和妻子的面具生活在一起。

所以，我妻子希望從我這裡得到些什麼，向我表達了她的期待，而我希望她愛我、珍視我，因此滿足她的期待。如果我試著停止這整個輪迴，她可能會離開我，那太可怕了。

沒錯，但反正你已經失去她了。和你生活在一起的只是個幻覺——一個你心中的惡魔，如果你不言聽計從，她就要離開你。你甚至還沒與你的妻子相遇，一直都跟你創造出來的故事生活在一起（那個故事告訴你她是誰）。讓你害怕的，是你的故事，而不是你的妻子。

我丈夫對於改善我們的關係毫不在意

我很氣我丈夫，因爲他對於改善我們的關係毫不在意。

他應該在乎你們的關係，卻毫不在意——你覺得這聽起來像是愛嗎？當你相信「他眞的應該在意我」這個瘋狂的想法時，你如何對待他？

我忽視他、批判他。

當你忽視、批判你所愛的人時，內心的感覺如何？

很痛苦，感覺很糟。

當你相信你的念頭時，就來到地獄了，歡迎你。如果沒有「他應該在意我」這個念頭，你在他面前會是怎樣？

我會關心他。

嗯。你一直試圖從他那裡得到愛，而你已經是愛了。

向他要求愛總是很痛苦，那是因爲愛並非從他那裡來的？

沒錯，親愛的。「我很氣我丈夫，因爲他對於改善我們的關係毫不在意」──把它反轉過來。

我很氣我自己，因爲我對於改善我和自己的關係毫不在意。

是的。當你在操心他的事情，規定他應該愛誰、不應該愛誰時，你就感受到了分離與孤獨。你還能再找到一個反轉句嗎？

我很氣我自己，因爲我對於改善我和他的關係毫不在意。這有時是眞的，當我只想讓自己過得舒服的時候。

是的。你心想：「等他開始在意時，我再去改善我和他的關係。」但那從來沒發生。所以，你也許想回家對他說：「親愛的，我太興奮了。我很高興你一點都不在乎，我剛剛發現，我也同樣不在意。」

眞的是這樣！眞是太好笑了！

也許你還想把剩下的話說完：「我發現我並不關心你，除非是爲了讓我自己過得舒服。」

沒錯。

你說他是什麼樣的人，你自己就是那樣的人，他只是你的故事而已。到目前爲止，你甚至還沒眞正遇見他呢。

”

受傷的感覺或任何形式的不舒服，不會是他人造成的。不可能有我之外的人可以傷害我，只有當我相信了一個充滿壓力的念頭時，我才會受傷。因為相信自己的念頭，我成了那個傷害我的人。這是個好消息，因為這表示我不必讓他人停止傷害我，我自己就是那個可以不再傷害我的人，這是我做得到的事。

轉念作業讓我們終於可以用簡單的理解來面對自己的念頭。如果出現痛苦、憤怒和挫敗的感覺，我們就知道該做轉念作業了。我們要麼相信自己的想法，要麼就是去質疑它，沒有別的選擇。

質疑自己的想法是比較仁慈的路，轉念作業總是會讓我們成為更充滿愛的人。

“

我丈夫在性方面要求太多

我丈夫在性方面要求太多。

這是眞的嗎?他要求了些什麼?

嗯,嚴格說來,他並不是要求,而是請求我和他做愛。

所以連「他在性方面『要求』太多」的說法都不是眞的?眞有意思。當你認爲他要求太多時,有何反應?

以前我常常覺得有壓力,無論想不想做,我都會同意,因爲我想讓他高興。現在大部分的時間我都會拒絕。

當你認爲他要求很多,而他並非那樣時,你如何對待他?當他提起「性」這件事情時,試著去想像他在想些什麼,對你而言肯定是種折磨。

我對他充滿懷疑,當他對我好的時候,我認爲他只是想讓我產生做愛的心情。這讓我緊張,完全沒有任何興致。在我看來,他很會耍手段、鬼鬼祟祟的,我認爲他只在乎他自己,一點都不關心我的感覺。這樣想讓我很生氣,離他越來越遠。

我能理解爲什麼你會緊張、沒有興致,誰想跟她覺得很自私的人上床啊?如果沒有「他要求太多」這個念頭,你會怎樣?

當他問我要不要做愛時,我可以誠實地告訴他「好」或「不好」,而不會想像他一直在要求跟我上床。如果我說「不」讓他發了脾氣,那跟我沒有任何關係,我唯一要做的是問問自己，在那一刻我是否想和這個壞脾氣的男人上床。也許他會注意到我比較喜歡和什麼樣的男人做愛——是壞脾氣的，還是知足的？此刻我覺得，我們的性生活似乎可以更頻繁。

嗯，或許你甚至會認爲他很誠實地告訴你他想要什麼，也或許你會覺得他眞的很愛你。看看你是怎麼對他的，可是他仍然想和你有肌膚之親。「我丈夫在性方面要求太多」——把它反轉過來。

我在性方面要求太多。我常常要求不要做愛，事實上，我是在控制他的性生活。我認爲我丈夫應該要能猜測我的心思，只在我想要的時候才要求和我做愛——我在性方面的要求眞的太多了。

我妻子不給我無條件的愛

我妻子讓我難過，因爲她不給我無條件的愛。

「她應該給你無條件的愛」——這是眞的嗎？

是的。

你能百分之百肯定這是眞的嗎？

嗯，我想我無法完全確定。

沒錯，親愛的。「應該」是一個跟過去或未來有關的故事，而與之爭辯是沒有希望的。當你相信這個念頭時，有何反應？

我很難過，對她感到失望，有時則很憤怒。我冷落她；我很沮喪，認爲自己值得擁有更好的；我會自憐，有時覺得自己娶錯了人。

是的，因爲她沒有讓你實現擁有理想妻子的夢想。如果你不相信「她應該給你無條件的愛」這個想法，你會怎樣？假如和她在一起時不再抱持這個念頭，你會如何？

我不會期待從她那裡得到無條件的愛。

在我聽來，**你**會無條件地愛**她**，無論她是如何有條件地愛你。只要你認爲她應該給你無條件的愛，你說的就不是那個和你一起生活的妻子。你在說的是你想像中的妻子，而沒有給予和你生活在一起的妻子無條件的愛。讓我們把它反轉過來吧。

我很難過，因爲我不給她無條件的愛。但我眞的很愛她。我認爲人應該無條件地愛自己的伴侶，這是我在結婚時的承諾，也是我一直在做的。

親愛的，再深入地探索，看看你能不能找到三個眞實例子，說明你沒給她無條件的愛。當你對她發脾氣、不理她的時候，似乎並不是很有愛意。

嗯，眞的，那時我不覺得自己充滿愛。好吧，我想，當我認爲她並未無條件地愛我時，我確實沒有無條件地愛她。我變得怨恨，並且關閉了自己的心。那的確是眞的。

還有其他你沒有無條件愛她的例子嗎？

我們會爲錢爭吵。前幾天，她說我們買不起我想要的新船，我很生氣。其實她是對的，但我表現得好像她說的並非事實，而且對她很冷淡、很惡劣。現在我眞的覺得很難受。

嗯，親愛的，今晚回家時，對她承認她說得沒錯，眞心向她道歉，就像你此刻感受到的這樣。問她你該怎麼彌補過錯，好好聽她要說些什麼，不要爲自己的立場辯護。如果你眞的希望擁有無條件的愛，她會帶你到達你眞正想要的境界。謙虛是卑屈的反面，是擁有自身力量的開始。你還能再找出一個例子嗎？

可以。我因爲她不像別的女人那樣有吸引力、因爲她胖了很多而懲罰她——最瘋狂的是，我其實一點都不介意，我好愛她，在我眼裡她很美。我批評她的飲食習慣，但我才應該檢視一下自己都吃些什麼。我發現還有一個反轉句：「我應該無條件地愛我自己。」我常常做不到。

你能找出三個眞實例子，說明你並未無條件地愛自己嗎？

吃太多的時候，我對自己非常殘酷，利用自我憎恨來控制胃口，但一點都沒用。另外，我有時會因爲覺得做錯了什麼而厭惡自己。還有，如果我不小心忘記什麼事，就會讓自己很不好過。

是的，親愛的。體會一下你對自己施加的暴力，好好看一看，當你把自己的妻子和某個不存在的人——那個理想妻子，那個在任何婚姻中都不可能存在的人——比較時，你爲自己帶來的痛苦。這就是沒有給你自己愛，而且你已經知道，這也是沒有給她愛。親愛的，這只是暫時，而非永遠。我們不會永遠有條件或無條件地愛，而是一直在變化——「我愛你。」「我不愛。」「我愛。」「我愛。」「我不愛。」當你不愛時，相信我，造成阻礙的永遠不會是你的妻子，而是你自己。所以，請坐下來審視自己的想法，進行轉念作業，尋找眞實的答案和你單純可愛的自己。讓你不快樂的，永遠不會是你自身之外的人事物，只可能是你對那個人事物未經質疑的想法，絕無例外。

我需要他了解我

我需要我丈夫了解我。

「你需要他了解你」——這是眞的嗎？

是的。

那眞的是你需要的嗎？你能百分之百肯定那對你最好嗎？

嗯，歸根究柢來說……我想不是。

有誰知道此刻什麼對你最好？花會提前開放嗎？不可能嘛，是不是？我們可以細心照顧花，給它水分和陽光，然後它該開的時候就會開——分秒不差。親愛的，當你相信「你需要他了解你」那個念頭，而他卻不懂你時，你如何對待他？

我會非常生氣、非常不開心。我會冷落他、批判他。

是的。當你相信那個念頭時，你沒有去了解他！所以你是一個教導「不了解」的老師。如果沒有「你需要他了解你」那個想法，你會怎樣？

我會很開心地和他在一起。

是的，親愛的。你會了解他，會成爲「了解」的榜樣——正如你希望他變成的那個樣子。當我在追求某人的愛、認可或賞識時，怎麼可能了解那個人？這樣對他不仁慈，對我自己也是。我寧可要自由，寧願只是和他在一起，接受他此刻的模樣，看看在這份自由裡會發生些什麼。誰知道我會從中學到哪些事？誰會不愛、不欣賞了解自己的人？現在把「我需要他了解我」反轉過來。

我需要我了解他。

沒錯，你必須理解他的不了解，在心裡把他的生活還給他，他會感受到的。而當他體會到你的理解時，會回到你內心深處流動著愛與甜蜜、完全沒有任何分離感的空間。當你相信「我的丈夫應該了解我」，事實卻相反時，這個念頭就會製造出不快樂。你可以盡一切可能讓他懂你，到頭來，他還是只能了解他所理解的。

我的女朋友不該離開我

我女朋友可能會離開我，我很難過。

「她不該離開你」——你能百分之百肯定這是眞的嗎？你能完全確定她和你分手對你來說不是最好的事嗎？你能確定沒有她，你的日子不會過得更好？

不，我無法確定，不過那很難想像。

當你相信「她不該離開我」這個念頭，她卻想分手時，你有什麼反應？

沒有安全感，很痛苦。

覺得被拋棄？當你相信她可能會離開你時，有何反應？當你感到不安、痛苦時，如何對待她？

我悶悶不樂，黏她黏得很緊，時時都在監視她。我做的剛好都是會讓她離開我的事。

是的。你開始發現自己有多天眞了嗎？若知道如何改變，我們都會改變；就因爲你不知道怎麼做，你的小我才會不停計畫，但那樣也沒有用，那全都是你爲自己設置的騙局，唯有誠實才是最好的做法。當你試圖成爲她「唯一的愛」時，你是如何和她一起生活的？你是否在不想笑的時候笑？是不是在想說「不」的時候說「好」？

我覺得自己沒有東西可以付出的時候，我還在給。

這是當你相信這個念頭時會有的反應。你沒有自己的生活，你在努力爭取她認可的過程中失去了自己。人們執著的對象並非某個人，而是自己的信念。如果沒有「她不該離開你」這個想法，你會怎樣？

我會平靜許多，不會一天到晚擔心。

「她可能會離開我，我很難過」——把它反轉過來。

我可能會離開我自己，我很難過。

當你在心理上撇開自己的事不管，去操心她的事，當你的頭腦進入「她會離開我」這個故事時，你就拋棄了自己。你和誰一起生活是誰的事？

我的事。

她和誰生活是誰的事？

她的事。

沒錯，親愛的。認爲你的情人不應該離開你，就好像在說：「我要你和我生活在一起，即使那不是你想要的。我並不關心什麼對你最好。喔，順便跟你說一聲，我愛你。」我覺得那並不像愛。如果沒有「你的情人應該想和你在一起」的信念，你就可以加入她離開你的計畫。

聽起來很難。

眞的是這樣嗎?如果沒有「她應該留下來」的念頭,你會怎樣?看看你是否眞的能走到那個境界。

如果不卡在她應該留下來的想法上,我其實會覺得輕鬆很多,生活中會有更多呼吸的空間,我會敞開來接受各種可能性。

如果看著她,心裡沒有「她應該留下來」這個念頭,你會怎樣?

我會發現,如果她快樂,我也會很快樂。她應該離開——假如那是她想要的。我會沒事的。

沒錯,親愛的。你能再找出一個反轉句嗎?

我可能會離開她,我很難過。當我認爲她不該離開我時,我的確在情感上離開了她。

當你認爲,她只能過你覺得她應該過的日子,而不該有自己的生活時,你離開了眞正的她,而和一個可怕的、任何時刻都可能和你分手的女人生活在一起。還有一個反轉句,你能找出來嗎?

嗯……我**很高興**她可能會離開我?這也可能是事實。

因爲那樣的話,你將有機會認識自己。你不會再把注意力放在她身上,而是專注在你和你自己的思想上——你的思想是造成你所有痛苦的原因。

到目前爲止,一想到要獨自一人生活,我就會覺得憂傷、恐慌。

當我們去探究自己的思想、開始了解眞相時,無論有沒有伴侶,我們永遠都不會再感到孤單。

“只要有一個頭腦清楚的人，就能造就一段美好的關係。”

我不可愛

別人要麼可愛、慷慨，要麼風趣或勇敢堅強，但我什麼都不是。我一點都不可愛，這讓我非常不快樂。

親愛的，你想知道眞相嗎？

想。

「你不可愛」——這是眞的嗎？

我是這樣覺得。從來沒有人眞正愛過我，連我母親都沒有。我小的時候她就從未抱過我，總是對我大吼大叫，然後匆匆出門去工作。

你母親總是匆匆出門去工作，就表示她不愛你？眞的是這樣嗎？

也許她太累了，所以沒有力氣抱抱我們，或是和我們多聊一聊，我可以理解。她的確不得不靠自己養活我和我弟弟。

那不是愛嗎？

可能是。

「我不可愛」——你能百分之百肯定這是眞的嗎？

不，我沒辦法確定，但我仍然這樣覺得。

你當然會有那種感覺，因爲你深信那個想法。這就是爲什麼我們要質疑自己的念頭。一開始，痛苦似乎是很大的動力，但後來你也許會發現，你並不需要痛苦。當你相信了一個你甚至不確定是否爲眞的念頭時，有何反應？

我覺得很沉重，失去了所有的自發性。我很寂寞，渴望擁有那些我無法擁有的，似乎其他的一切都無關緊要。因此，除了待在家裡看電視、吃東西，我幾乎什麼都不做，試圖逃避那個念頭——我甚至連不餓的時候也在吃。

如果沒有「我不可愛」這個想法，你會怎樣？

呃，我會輕鬆很多。我可以想像自己走在街上，欣賞著落葉和陽光。我會覺得更加親近那些我認識的人，會對他們本身感興趣，而不是只想知道他們爲什麼不愛我。也許我會自己去度假，開心一下，或者會邀請別人和我一起去，那可能也很有意思。

把「我不可愛」反轉過來。

別人不可愛。沒錯，當我認爲自己不可愛時，心裡就充滿悲傷和怨恨，以至於無法愛任何人。

你還能找出另一個反轉句嗎？

我是可愛的。

你能看出爲什麼這個說法更加眞實嗎？

這太難了，我眞的很想看出這一點，但是太難了。

找出三個眞實的例子來說明你是可愛的。

嗯，眞的很難……好吧，這裡有一個：我笑起來很好看。

非常好，親愛的。這個發現很棒。

我是個好姊姊，弟弟需要我的時候，我總是在他身邊。

兩個了，你還能再找到一個嗎？

呃，我想不出別的了。

找一件你今天做的、覺得很可愛的事。

噢，我餵了小松鼠。

對嘛，你很有愛心。這樣就有三個例子了。事實就是你很可愛，無論你喜不喜歡這一點——對於這個事實，你無能爲力。

她不該如此痛苦

她不該如此痛苦。

這是眞的嗎？

是的。我不喜歡看到她那麼痛苦。

你能百分之百肯定這是眞的嗎？當我們有**你**那種看法時，誰還需要神？

我猜我無法完全確定。

是的，親愛的，你的確沒辦法確定。了解這一點可能是你自由的開始。她的痛苦是**她的**事。當你認爲她不該如此痛苦，而你什麼也做不了時，有什麼反應？

我覺得十分痛苦。

沒錯，她的痛苦加上你的痛苦，現在有兩個人處於痛苦之中，而且對她毫無幫助。如果沒有這個想法，你會怎樣？

自由地在她身邊支持她。

是的，這樣對你來說比較容易。如果你沒有因爲她的痛苦而痛苦，就更能夠在她需要的時候幫助她，更能夠全然地和她在一起。

我父母應該愛我、欣賞我

父母應該愛、應該欣賞自己的孩子。

「父母應該愛、應該欣賞自己的孩子」——這是眞的嗎？

是的，千眞萬確！

說得眞妙。你能百分之百肯定這是眞的嗎？

可以！

噢，那我們都應該把生活停下來，愛你、欣賞你？我不這樣認爲！那是個荒謬的想法，因爲它在對抗現實。我怎麼知道父母不應該愛及欣賞自己的孩子呢？因爲有的時候，他們並不那樣做。難怪你那麼憤怒。當你認爲我們做父母的應該愛你、欣賞你、認同你，而我們不這樣做時，你有何反應？

一生都活在痛苦中。

是的，這是個令人非常痛苦的想法，是孩童時期折磨人的玩具，現在你可以把它放到一邊了。如果你已經準備好要面對了，眞相會讓你自由。假如你再也不會有這個念頭、再也無法這樣想，假如不管你怎麼努力，它就是不回來了，你會怎樣？

我會變得自由，心情平靜。

所以，「父母應該愛、應該欣賞自己的孩子」——你能百分之百肯定這是眞的嗎？請深入你的內在去傾聽答案。

我心裡有個非常強烈的聲音在說，就是應該那樣。

當然會有那樣的聲音。你一直不停地餵它，彷彿它是「餅乾怪獸」（注：餅乾怪獸是《芝麻街》裡的木偶角色，最出名的就是貪婪的胃口，老是喊著：「我要吃餅乾！」），而且你一直把那個聲音傳遞給你的妻子、子女，以及任何一個和你一起打發時間的人，想讓大家同意它說得對。你希望我們都體會到你受害有多深，最後，我們聽煩了，於是這恰好證明了你這一輩子對父母的看法！所以，請回到你的內在，因爲只有你自己的眞相才能讓你自由，而不是我們的。所有的答案都沒有對錯，在你了解自己的眞相之前，你將繼續相信你的看法：一天到晚都很開心、很自由，是件可怕的事，因爲假如你很快樂，要如何和我們連結、如何操控我們、如何繼續當個受害者呢？你以爲如果放棄了那個信念，你將失去整個人生，甚至不知道該怎麼活下去。「父母應該愛、應該欣賞自己的孩子」——你能百分之百肯定這是眞的嗎？他們曾經愛過你、欣賞過你嗎？按照你的說法，他們從來沒有。所以，你怎麼知道他們不該愛過你、欣賞過你呢？因爲他們沒有，這就是現實！

哦，事情可以這麼簡單嗎？

我想你剛剛找到答案了。現在把「父母應該愛、應該欣賞自己的孩子」反轉過來。

我應該愛、應該欣賞我自己。

就是這樣。親愛的，除了你之外沒有別人，因爲根據你的說法，你父母既不愛你也不欣賞你，剩下的只有你了。

我應該是他唯一的愛

我很生我丈夫的氣，因爲他沒有和別的女人斷絕關係，選擇我作他唯一的愛。

「如果他和她們斷絕關係，你的日子會好過很多」——這是眞的嗎？

嗯，我當然會好過一點，在我看來這很明顯。

你能百分之百肯定會變得好一點嗎？

不能。

當你相信「他應該和別的女人斷絕關係」這個念頭時，有何反應？

我試圖暗中破壞她們的名聲，試圖說服他遵守一夫一妻制。我一直都很嫉妒，時時刻刻都想著那些女人，想他和她們在一起的情景。我不斷拿自己和她們比較：我比這個女人漂亮嗎？我比那個女人聰明嗎？

這樣活著眞的很痛苦，親愛的。試圖操控你愛的男人，把你的時間用來策畫如何除去他所愛的人，或者想知道你是否和她們一樣出色，是非常痛苦的。他和誰上床是誰的事？

我恨這個問題。

你恨這個問題，是因爲你正拚命抓住自己的痛苦不放，你在堅持你的想法：「我是對的，他是錯的；我是好人，他是壞人。」你是要正確，還是要自由？

我寧可要自由，眞的。我已經受夠這些痛苦了。

那麼，他和誰上床是誰的事？

他的事，我知道。那是他的事情，不是我的。

你和誰上床是誰的事？

我的事。

「他應該只和你上床」——這是眞的嗎？眞實情況是怎樣？他沒有嘛，他還跟別的女人上床，這就是事實。它並不符合我們的道德觀及社會教條，但事實就是事實。在他不只和你上床的情況下，說他應該只跟你睡，是個徹頭徹尾的謊言。當你相信「他不應該和別的女人上床」這個念頭時，內心有什麼感受？

我恨他。

恨他的感覺如何？

糟糕極了，我只想去死。

當你相信「他應該忠於你」這個念頭時，你如何待他？

我對他大發脾氣，不理他，關閉我的心。

那樣做是不是很難受？

感覺糟透了。

你會體驗到痛苦和孤獨，是因爲你心理上在操心他的事，所以沒人留在這裡跟你在一起，你當然會覺得孤獨！她在那裡跟他在一起，你也在那裡跟他在一起，大家都在那裡跟他在一起，結果沒人在這裡和你在一起。你認爲他應該和你在一起，可是連**你自己**都做不到。他離開你，你離開你——這兩者有什麼不同？活在當下的方法是去質疑自己的念頭。「他不應該和別的女人上床」——這是眞的嗎？「如果他和我，而不是和她在一起，我的日子會好過很多」——你能百分之百肯定這是眞的嗎？該爲你的痛苦負責的，不是他，而是你；你相信了一個謊言，這就是你痛苦的原因。你可以找出一個理由，讓你放下「他應該只和我上床」這個與現實對抗的想法嗎？

可以。我不願意受苦。

看來我們來自同一所學校。請不要試圖放下那個念頭，沒有人能放下念頭，我們只是在察看一個放下的理由。你能找出一個讓你相信那個念頭、卻不會令你痛苦的理由嗎？

不能。

沒有那個想法你會怎樣？

我不會那麼恨他，或許不會有那麼深的被背叛的感覺。我不知道自己是否還能對他敞開心，但至少會多點理解。

親愛的，敞開頭腦就是敞開心。如果不相信你對他的那些想法，誰知道你會有什麼樣的感覺，或者你會如何對待他？假如你不相信「他應該和他那些女人斷絕關係」這個念頭，你在他面前會怎樣？閉上眼睛想像他和她們在一起的畫面，看著他的臉，心裡沒有任何「他應該選擇你」的想法。你能看到他嗎？

可以。他很英俊，看上去很快樂。

那就是無條件的愛，那是眞正的你。現在將你的念頭反轉過來。

我很生我的氣，因爲我沒選擇我作我唯一的愛。我滿腦子想的都是其他女人。

再反轉一次。

我很生我的氣，因爲我選擇他作我唯一的愛。這聽起來很有道理。

沒錯。如果你想要一夫一妻制，可以對他說：「親愛的，我愛你現在的樣子，我很高興你想要十個女人，也希望你擁有自己想要的。但現在我必須離開你，因爲我是個相信一夫一妻制的人，所以想找個和我一樣的伴侶。」這才叫選擇他作爲你唯一的愛——那個沒被你改變過的愛人，只是現在你不跟他一起生活了。但無論你是和他在一起或離開他，都不必關閉自己的心，然後你或許會注意到，當你眼前那個人和你在一起時，你只要他做自己，那他就是你唯一的愛。無條件的愛不需要指定對象是什麼樣子。

> 對人格而言，愛只代表「一致」。如果我和你意見一致，你就愛我；然而一旦我不贊同你，一旦我質疑你神聖的信念，我就成了你的敵人，你會在心裡和我離婚。接著，你開始找理由證明你是對的，一直把注意力放在自己之外。當你把焦點放在外界，認為你的問題是別人造成的，而不是因為你執著於此刻你相信的那個故事時，你就成了自己的受害者，而整個情況看起來會毫無希望。

我的情人應該和我做愛

我要她和我做愛。如果她不肯，我就覺得她不愛我。

你想從做愛當中得到什麼？

性高潮和連結感。

好，讓我們逐一檢視。「你要她給你性高潮」——這是真的嗎？

是的。

所謂的性高潮是你從中得到極樂的感覺，所以你是要她為你的極樂負責，這樣你就不必負責任了。「你要她給你性高潮」——這是眞的嗎？

也許不是，如果從這個角度來看的話。

現實一點是好事。一心想要性高潮，反而會造成阻礙；當你該有性高潮時，你會有的。如果你想要的眞的只是性高潮，你會自慰，但我知道那對你來說不一樣。是你的頭腦想要性高潮，想要她在其中扮演她的角色，不過如果沒有這個念頭，渴望在哪裡？需要在哪裡？只有你在那裡，全然滿足，不論它看起來是否像性行為。你還想從做愛當中得到的另一樣東西是什麼？

連結感。我想和她連結。

你不可能**不**和她連結在一起！你會這樣想是因爲你們看起來有兩個分離的身體，所以有兩顆分離的心。假如沒有那些讓我們彼此分離的、充滿壓力的念頭，就只會有一顆心，而且無處不在。身體不可能連結在一起，你只能和自己的心連結，而它包含了她和我們所有人。你只能從自己的內在連結。你不可能和她連結，完全沒有必要嘗試，因爲你們已經連結在一起了。你只能和自己連結，並由此看到那樣做如何讓你和她連結在一起。現在把你的話反轉過來。

我要我給自己性高潮。

那是唯一的可能。

我想和我自己連結。

事情最終還是回到你和自己的關係上。只要她不和你做愛，你就認爲自己缺乏性愛，你這是切斷了你的連結。我們喜歡做愛的一個原因是，在完全投入時，我們「離開了自己的頭腦」，進入念頭的間隙；但如果我們之所以利用性愛來達到那個目的，是因爲不知道其他逃離痛苦念頭或與伴侶連結的方法，最後，即使正在做愛，我們也擺脫不了那些痛苦的想法。要不了多久，我們就會看著時鐘想：「他什麼時候才會結束啊？」然後或許就連最美好的性愛也變得不再美好。最終，所有的權宜之計都不再奏效，痛苦的念頭慢慢冒了出來。只有眞相才能讓我們自由、才能終止痛苦；只有和眞相在一起，我們才可能有眞正的親密。下次當你因爲她不肯和你做愛而難受時，請質疑自己的念頭，也許你會找到愛，而不是性的滿足。

沒有我男友，我什麼都不是

沒有我男友，我什麼都不是。

當你相信「沒有他，你就活不下去，沒有他就沒有你」這個念頭時，有何反應？

我覺得爲了擁有他，我什麼都願意做。

不，不要擁有他，那是不可能的。你如何「擁有」一個人？他不是問題所在，有或沒有他也從來不是。你認爲沒有他就沒有你，所以盡一切可能讓那個信念成眞。你在爲自己的生命戰鬥，卻把這個說成是爲他而戰。這就是爲什麼人們會拿槍對準自己的情人——「如果我活不下去，他也別想，還有她。」他們認爲殺人情有可原，因爲失去愛人，他們也失去了生命。「他讓我活不下去，所以我也要拿走他的命，這才公平。」這樣的思考過程創造了地獄。如果不相信「沒有他，我什麼都不是」這個念頭，你會怎樣？那很嚇人，因爲那表示你錯了一輩子。歡迎來到天堂，前往天堂的路始於謙虛：「我錯了，我一直都神智不清。」那麼，「沒有他，你就活不下去」——這是眞的嗎？

不是眞的，我只是害怕發現。

你用他當藉口，這樣就不必面對自己的恐懼——「我將把全部的注意力放在他身上，盡一切可能抓住他，無論要付出什麼代價。」把你的念頭反轉過來會變成：「**有**他，我就活不下去，我什麼都不是。」這就是你過的生活。如果你覺得沒有他，你就什麼都不是，那麼你不得不認爲，即使和他在一起，你也什麼都不是。你假裝是他忠心耿耿的僕人，心裡卻痛恨這樣。

而且還把這一切強加在他的生活上。

一直都是。這不是愛。

我不想對他這樣。

嗯，親愛的，把這句話也反轉過來。

我不想對**我自己**這樣。

是的。當你這樣對自己時，你也這樣對他，然後這一切又回到你身上，因爲你怎麼對他，就怎麼對自己。如果你不喜歡自己，他爲什麼要喜歡你？如果連你都不想和自己在一起，你又怎能期待他想和你在一起呢？如果你認爲你什麼都不是，這就是你給我們的印象，而我們把「你什麼都不是」又反射回去給你。這全部是你的故事。

“只有你才能把自己踢出天堂。所以如果你是亞當，正在尋找夏娃來讓你完整，你就把自己踢出了天堂。你本來可以只是活出你的本性——也就是愛你自己——然後因而愛她，沒有分離；但如果你想從她那裡得到些什麼，如果你認為你需要她的愛或認可，你會受苦。只有一種方法可以讓我利用你來使我完整：假如我批判你，就去質疑、審視我的批判，然後把它反轉過來。”

我父親不該如此被動

我不喜歡我父親總是很被動，每次我母親問他晚餐想吃點什麼，他都說：「什麼都行。」或者「我不知道，你決定。」我很討厭他這樣說。

聽起來他像個聖人。

誰聽起來像個聖人？

你父親啊。他讓她決定，那聽起來非常貼心、大方。

但我母親對他不說出自己的喜好覺得非常失望。

那是因爲她認爲他應該有特別喜歡吃的東西，但他說的很可能是實話。如果我是你母親，我會相信他，然後每天都做我最喜歡的料理。假如他不喜歡，會告訴我，那樣我就知道他不喜歡什麼了，而同時，我會很喜歡用餐時間，也很愛跟我一起生活的那個人。看看他給她多少選項啊。也許因爲她有自己的偏好，所以認爲他也應該有，而你覺得他該隨便說點什麼。你有沒有對自己說「我可以隨便說些什麼來讓她高興」？

嗯，我的確會隨便說些什麼，而那確實可以取悅她。

很好，親愛的，如果那些是你眞心喜歡的選擇的話。你有沒有出賣自己呢？你父親沒有，他眞的沒有什麼特別喜歡的食物，我會相信他。

哇，我知道了。我出賣了自己，而我父親沒有。我滿足了我母親的願望。

那樣做很貼心，但是它發自內心嗎？對你來說，那樣做誠實嗎？

我是爲了取悅她，我會盡一切努力讓她高興。

我知道了，親愛的。你想從她那裡得到什麼？你那樣做也有可能是出自眞心——這就是爲什麼我要問你這個問題。你想得到些什麼？親愛的，讓我們往這個方向想：你能確定對你父親來說，他給你母親的不是明確的答案嗎？「你決定吧，我沒什麼偏好。」聽起來很明確。

嗯，經你這麼一說，是很明確沒錯。

「你父親應該給你母親她想要的」——這是眞的嗎？你能確定那對他最好？或是對她？

可是隨便說點什麼來擺脫她的糾纏，並不需要花很多時間啊。

眞有意思。「如果他能隨便說點什麼來安撫她，他們兩個都會更好」——你能百分之百肯定這是眞的嗎？

如果不必由我來做這件事，我會比較好。

當你相信「爲了你好，他應該改變」這個念頭時，你有何反應？你是不是會證明自己是正確的？你是不是你們兩人之中的那個好人？你是不是你父親的榜樣，讓他知道就應該像你這樣做？你還從中得到些什麼？

我得到他的嫉妒和憤怒。

取悅你母親、保持正確、做你認爲你父親應該做的事（如果他是個好丈夫的話），從這些事情當中你還獲得什麼？上面得到的那些還不夠嗎？

不夠，但我和母親的關係很好，而我父親沒有離開家。

我們可以說家人還在一起，但內心並不總是那樣感覺。有時，我們覺得家人之間的隔閡很深。

我父親嫉妒心很強，愛發脾氣，常常罵我。

把這句話反轉過來。

我嫉妒心很強，愛發脾氣，常常罵我父親。

是嗎？這樣子生活，尤其是在心裡如此生活的感覺怎麼樣？

很糟糕。

「他應該像我一樣對她讓步，像我一樣爲她犧牲自己的快樂。」親愛的，那是困惑，而困惑是這世間唯一的痛苦。當你質疑自己的想法，並獲得一些清晰的思維，你會開始看見你父親，並欣賞他眞實的模樣。他並未做你做過的任何一件事，但你母親仍然和他在一起，沒有離開他。也許他們之間有某種你不了解的甜蜜默契，誰知道呢？

”認為人們應該去做他們沒有做的事，或覺得他們應該變成另外一種樣子，就好像在說那邊的那棵樹應該是天空一樣。我探究這個念頭，並找到了自由。"

我想要很多很多認可

我想要很多很多認可。

這是眞的嗎？這眞的是你想要的嗎？

嗯，得到認可的感覺會很好。

那你一點希望都沒有了！我們才沒時間去認可你，因爲我們正忙著想得到**你的**認可。再說，就算得到我們的認可，對你來說又有什麼用？

我不知道。

當你一刻不停地追求我們的認可時，感覺如何？追求認可是不是你的主業？

是的，而那感覺不太舒服。

當你希望得到我們的認可，但我們不給你時，你如何對待我們？你在我們身上投資很多，爲了得到我們的認可犧牲自己的生活，結果我們卻不給你，那麼你會如何對待我們？

不太友善。

「我們應該給你我們的認可」——把它反轉過來。

我應該給我自己我的認可。

沒錯，因爲只剩下你了！如果我們想從你那裡得到些什麼，而你把它給了我們，那我們就認可你；假如你不給，我們就不認可你。就這麼簡單，我們和你是一樣的。親愛的，讓我們來看看那個反轉句：「我應該給我自己我的認可。」現在舉出三個你認可自己的例子，隨便什麼都行，只要是眞實的。

好吧，讓我想想。當我借錢給別人時，如果他們不能馬上還或完全不償還，我能理解，不會心懷怨恨。第二，我很準時，不喜歡遲到。還有一個是嗎？我是個很好的朋友。

非常好，親愛的。你原先的說法似乎不像這個反轉句一樣適合你。你還能再找出一個反轉句嗎？

我不需要他們的認可。

我可以告訴你，我擁有人們認可的時候，就是我需要它的時候。我怎麼知道我需要他們的認可呢？因爲我擁有它。我怎麼知道我不需要他們的認可呢？因爲我並未擁有。無論哪種情況，人們的認可都跟我沒有關係，他們認可的是他們那些關於我的故事。重要的是，我自己是否認可我的生活方式？當我質疑自己的想法時，我喜歡這個和我生活在一起的頭腦，它非但不打擾我，也不打擾你們。這種狀況非常平和，我很喜歡。

我不需要他們的認可。

「如果不去尋求他人的認可，你絕對不可能得到」——你能確定這是真的嗎？有時候，你只不過是把自己當成神，彷彿你必須讓事情發生。我注意到，無論有沒有我，事情照樣發生；人們認不認可我，跟我完全無關。這真是個好消息，因為它讓我為自己的快樂負責，讓我除了盡可能衷心且明智地過自己的生活之外，無須做別的事。如果你沒注意到這一點，也不覺得感恩，我能理解。我只需要面對我自己，這就已經夠我忙一輩子了。

我父親對我很不好

我很難過，因爲我父親對我很不好，隨時都在批評我。他應該愛我、欣賞我的。我要他愛我，跟我聊聊他自己和他的痛苦。我再也不想體驗不被愛、不被認可的感覺了。

「他隨時都在批評你」——這是眞的嗎？

是的。那讓我很痛苦。

他眞的**隨時**都在批評你嗎？每時每刻？

嗯，不是每時每刻。

你能找出一個他沒有批評你的時刻嗎？

你是指他在吃早餐或看報紙的時候嗎？

沒錯，那是個開始。你能找到一個他對你好的時刻嗎？

幾乎沒有。

你能找出一次嗎？

嗯，他帶我去過一次動物園，那次我玩得很開心。

那麼，「他隨時都在批評你」——這是眞的嗎？

幾乎一直都是，至少大部分時間是這樣。

只要簡單地回答「是」或「不是」就好。除了眞相，沒有什麼能讓頭腦滿足，它必須知道什麼是眞的，否則會窮極一生試圖證明它的想法，永遠無法休息。「他隨時都在批評你」——這是眞的嗎？

不是。

當你認爲他隨時都在批評你時，有何反應？

我很傷心、怨恨，覺得自己被剝奪了快樂的童年。有時候，我會對他大發雷霆。

如果沒有那個念頭，你會怎樣？

會輕鬆一點，沒有那麼多怨恨。也許我會記起另一些像那天在動物園一樣的時刻。

把「他隨時都在批評你」反轉過來。

他並非隨時都在批評我。

這樣是不是更眞實些？

是的。

親愛的，我們就像小孩一樣，對自己的念頭深信不疑。你還能找出另一個反轉句嗎？

我隨時都在批評我自己。這是事實，我對自己非常嚴厲。

沒錯，親愛的，我們一直有些迷惑。「做父親的應該欣賞自己的女兒」——這是眞的嗎？在哪個星球？有些父親完全沉浸於恐懼之中——恐懼一個不存在的未來——根本沒注意到自己面前的女兒；他們是如此擔心寶貝女兒的幸福，以至於沒有眞正看到她。

嗯，我眞的認爲他應該欣賞我。

那麼實際情況是怎樣？他欣賞嗎？

不。

那麼從你的觀點來看，這就是實情——有時他不欣賞你。你能百分之百肯定他應該欣賞你嗎？你可以確定那最終對你是最好的結果嗎？

不，我無法確定。

所以對於「他應該欣賞我」這個念頭，你有何反應？

我覺得自己甚至抬不起腳來——有時感覺就是這麼糟。

沒有這個念頭的話，你會怎樣？

我想我會好很多，會輕鬆一點，不會感覺這麼沉重、這麼失望。

「他應該欣賞我」——把它反轉過來。

我應該欣賞我自己。這的確是眞的。

你還能找到另一個反轉句嗎？

我應該欣賞他。但我怎麼做得到？我只是個想要得到他的愛的小女孩。

我們只是在檢視各種可能性，親愛的。小女孩是不會審視自身念頭的。你還能找出另一個反轉句嗎？

呃……

「他不應該……」

他不應該欣賞我？

親愛的，請舉出三個例子，說明你的生活因爲他不欣賞你而變得更美好。

三個例子？讓我想想。嗯，其一是我變得非常獨立——我喜歡自己那樣；二，我學會眞正意識到他人的存在，並感激自己生命中有這些人——雖然我對父親尚未做到這一點；三，我花了更多時間和母親在一起，這讓我們非常親密。

你父親對你說了些什麼話來批評你？

噢，像「你妨礙到我了」「你做得不夠好」之類的，無論何時都在說——呃，對不起，是很多時候。

那你有沒有過相同的感受呢？

你的意思是？

把那個句子反轉過來，看看會變成怎樣：「他妨礙到我了」——聽起來是眞的嗎？

是的，當跟他有關的念頭阻止我繼續過我的日子時。

還有沒有其他可能更加眞實的反轉方式？

當我認爲他妨礙了我時，我妨礙了自己；我因爲依然在尋求他的愛，而妨礙了自己。這眞的非常眞實。

「你做得不夠好」那句呢？你會如何反轉它？

他做得不夠好；他不是個稱職的父親。

那是對你而言，親愛的。稍後我會質疑那個說法。

我看出我在評斷他了。

我們來看看你的下一句。

我要我父親愛我，跟我聊聊他自己。

把它反轉過來。

我要我自己愛我，跟我聊聊我自己。

那不是他的工作，而且在你看來，那似乎也不是他的興趣。

事實上，他已經去世好一段時間了。

眞的嗎？今天他好像活生生地在這裡呢。讓我們回到你還是個小女孩的時候，好嗎？他應該放下手上的事，跟你聊聊他自己——你要求他了嗎？

沒有。

「做父親的應該要『通靈』」——這是眞的嗎？親愛的，我從你這裡聽到的是，他根本不可能知道你竟然想了解他，或者對他的生活感興趣。小女孩不知道如何要求。

是這樣沒錯。

我們現在從這一點下手，而你的人生可能因此徹底改變。所以，這個轉念作業非常珍貴。既然那個小女孩希望父親說說他自己的生活，她就是教你儘管開口要求「跟我聊聊你的生活」的老師。讓我們開始吧。當你相信「他應該跟我聊聊他的生活」這個念頭，但你卻不要求，而他也沒說時，你有什麼感覺？讓我們來檢視一番。

我一直在評斷他，認爲他眞的錯了。

所以，當你相信這個念頭時，你是怎麼過日子的？

嗯，基本上，我把他從我的生活中切割掉。他眞的無法靠近我，因爲我在心裡已經認定他不會。

在他去世之前的那些歲月裡，沒有父親的感覺如何？

孤立、冷冰冰。

那描述了許多人對死亡的看法。你能找到一個理由，讓自己放下「我要他跟我聊聊他的生活」這個念頭嗎？

可以，因爲它帶來的除了痛苦，還是痛苦。

假如沒有這個想法，你會怎樣？

我會時時刻刻充滿活力，活在當下，並且一次又一次地試著說出自己的要求。

把「我要他跟我聊聊他的生活」反轉過來。

我要我跟自己聊聊我的生活。

這正是你此刻在做的。我們正在檢視你的內在生活、你和父親在一起時的成長歲月，以及你是如何拋棄他的。他並未拋棄你，是你遺棄了他。你根本沒開口要求。

沒錯。

你可以從現在開始。讓我們看看下一句。

我父親不該對我不好，他應該跟我聊聊他的痛苦。

這是眞的嗎？

不，現在我不這樣認爲了。我了解到他應該用他對待我的方式來對我，因爲他那麼做了——他只能那樣。如果他沒有告訴我他的痛苦，他就不該告訴我。

把它反轉過來。

我不該對他不好，我應該跟自己聊聊他的痛苦。是的，這聽起來雖然很不舒服，卻非常眞實。我了解到自己是如何對待他的了，難怪他覺得和我不親近。當他不贊同我，或者沒給我想要的東西時，我就將他拒於門外。我曾在他臉上瞥見受傷的表情，那時我大概只有十歲，卻是那麼冷淡，一副無所不知的樣子。難怪他不想跟我聊聊他的痛苦。

你還能再找到一個反轉句嗎？

我不該對自己不好，我應該跟自己聊聊我的痛苦。

那是不是同樣爲眞或更加眞實？

沒錯。我可以看到我讓自己失去父親，而傷害了自己；我甚至以對他的觀點來看待其他男人。現在我感覺糟透了。這整個過程還要進行多久？

不會很久，親愛的。現在你正要把事情弄清楚。對自己要溫和，然後繼續。

但我是那麼自私！

你只是一個相信自身信念的小女孩，我們都按照自己相信的事物過日子。念頭在被質疑之前，可能令人十分痛苦，但你此刻正在質疑自己的想法。

嗯。

我們在做的是：看看你在其中的角色是什麼，那裡是創造、發現和清除痛苦的地方。

嗯。

讓我們看看下一句。

我需要我父親愛我。

「你父親不愛你」——這是眞的嗎？這輩子你父親都沒有愛過你嗎？

不，現在我了解了。從前我過得還好——其實是很不錯。他是愛我的。

當你相信「我父親不愛我」這個念頭時，有什麼反應？當你還是個小女孩時，是如何反應的？

我讓自己變得很渺小，完全沒有意識到我內在有那麼多愛，也無法看見他對我的愛。我彷彿今天才第一次看到，眞讓人不敢相信。

在你的成長過程中，如果沒有「我父親不愛我」這個想法，你會是怎樣的人？

我會只是做我自己，眞的會很自由，愛他變得容易許多。

或許你就不會帶著想操控他的愛的動機去妨礙他了。讓我們把「我父親不愛我」反轉過來。

我不愛我自己。沒錯，這個說法眞實多了。

你還能找出另一個反轉句嗎？

我父親的確愛我。是的，現在我知道了。這讓我高興得想哭。

親愛的，這是你在家可以做的事：閉上眼睛坐著，然後在心裡觀察你父親，以及他愛你的方式，從你最早的記憶，一直到最後一次見到他時。盡量讓那些回憶浮現，並且放下你的故事，敞開心去觀察他。連續這樣做幾天，然後當你看著他時，寫下任何讓你痛苦的想法，並且讓父親回到你心裡。如果你感受到任何與他有關的痛苦、困惑或不舒服，就去探究你的思考過程，問那四個問題，反轉念頭，然後擁有快樂的人生。如果可以徹底執行，那麼每次跟父親有關的念頭出現時，都會變成一次愉快的拜訪。你開始了解到，你全心全意愛著父親，只是作爲一個孩子，你不知如何表達。當我們相信自己對父親的看法時，我們都是小孩子。你父親沒有照你期望的方式愛你，並不表示他不愛你。**你**如何愛自己、如何成爲自己的父親——這就是你此刻正在學習的。永遠都是個開始。

我的前妻應該原諒我

分開十年了，她仍然不願意原諒我，讓我很難過。

你是否原諒是誰的事？

我的事。

她的原諒是誰的事？

不是我的。

我很高興你注意到了，親愛的。她要原諒誰是她的事。把你的想法反轉過來。

分開十年了，我仍然不願意原諒我自己。

這是不是同樣眞實？

是的。

還有一個反轉句，你能找出來嗎？

分開十年了，我仍然不願意原諒她。

跟我聊聊這個。

我不知道從何開始。

那麼，她應該原諒你嗎？當你知道如何開始時，**你**原諒**她**，然後再去跟她談寬恕。看看當你想要他人的理解時，你是如何過日子的——那樣的生活非常痛苦。理解是**你的**工作，你才是那個應該了解你的人。讓我們看看你的下一句。

我要她打開心，願意和我談談。

她要不要打開心或她想跟誰談是誰的事？

她的。

你發現了嗎？都已經分開十年了，你依然想要控制她的思想、時間、悲傷和生活方式；你想控制她有多敞開、想控制她和誰說話，甚至想控制她的寬恕，這是毫無希望的。沒有這個念頭你會怎樣？你會誠實、眞實地活著，不伏地乞求寬恕或愛，只是做個誠實、充滿愛的男人，一個尊重此刻的她的男人——無論她是什麼模樣。讓我們看看下一句。

我要她別來打擾我。

她不去打擾誰是誰的事？當你對她的要求說「好」的時候，你想換取什麼？你在收買什麼？你希望她原諒你，對你兒子說你的好話——你有向她坦承這些事嗎？你有沒有說「這樣吧，如果你對兒子說我的好話，我就給你錢；我會給你錢，但你要假裝原諒我來回報」？

我沒有那樣說。

那下次你和她說話時，也許會想告訴她這些。這就是正直。如果她說：「不，我不會那樣做。」你可以感謝她的正直，讓她知道她是你的老師，她無法被收買眞好。最終，也許你會注意到，寬恕是自動自發的，一旦你理解那些令你充滿壓力的念頭，寬恕就會自然發生。你會了解到，你的痛苦從來不是她的錯，如果**她**無法體會到這一點，就不能眞正原諒你，而那跟你沒有任何關係。

如果說實話，我就會失去女友

> 我告訴女友我對另一個人感興趣，她聽了之後威脅說要離開我。現在我想我的誠實可能會讓我的親密關係結束，留下我獨自一人。我擔心如果說實話，我就會失去她。

假如你擔心會失去她，或者擔心得不到你想要的事物，那你肯定有問題。當你相信「如果說實話，你就會失去她」這個念頭時，有什麼反應？

> 我會害怕。我沒有告訴她我眞正的想法，對她說謊，那讓我覺得很糟，感受到分離與孤獨。我告訴自己，我是個失敗者。我縮回自己的世界，爲了無法把這件事做好而責怪自己。

沒有了「如果說實話，你就會失去她」這個想法，你會怎樣？

> 舒適、自在，也許會對自己、對我女友更加誠實。

當你不害怕失去什麼時，就很容易誠實以對——事實上，誠實是最簡單的事，而且比任何你認爲可以從自身之外得到的事物更能滿足你。你變得熱愛事物的本來面目，不再「追求」

完美的關係，而是會「發現」——我們想要的，就在自己眼前。所以，把你的想法反轉過來。

如果說謊，我就會失去她；如果說謊，我就會失去**我自己**。這對我來說的確更加眞實，說謊對我自己的傷害更大，對她也是。如果說實話，我不會失去什麼。我有過說了實話後並未失去任何東西的經歷——事實上，我注意到說實話往往讓我得到更多。

我有過一模一樣的經驗。讓我們來看看下一句。

我想要說不會讓人受傷、失望或生氣的實話。有時候，我不誠實是因爲我認爲說實話很殘忍。

好像是這樣。

「說實話會讓人受傷或失望」——這是眞的嗎？

如果我確信說實話會傷害某人的感受，我就不會說；我會停下來，不去碰觸我自己那些可能會傷害你的想法，因爲那也會傷到我。這些是我自己的底線。我無法知道那會讓你痛苦，我不說是爲了不讓自己難受。我不會成天小心說話，我停下來不說是爲了自己。我爲自己的天堂或地獄負責。但假如你直截了當地問我眞相，我會告訴你；如果你要求的話，我想讓你知道我體會到的一切，而你對我的回答的理解，決定了它是會傷害你，還是對你有幫助。因此，在給出一段話和接收的過程中，每個人都爲自己負責；即使我說的是最充滿愛的話語，還是有人會覺得受傷，而**傷害他們感受的**，**是他們對我的話的理解**，除此之外，沒有其他可能。如果我開門見山地問你一個問題，結果你拐彎抹角，認爲說實話會傷了我，那你就是不尊重你自己，也不尊重我。不誠實的答案會讓你覺得不完整，既然我坦率地問你，那就表示我可以承受。你能確定你的話會傷到人或讓人失望嗎？

不，我沒辦法。

當你相信這個念頭時，有何反應？

我變得非常矛盾，覺得進退兩難。

沒有這個念頭你會怎樣？

我會很放鬆，自由地誠實以對，自由地做自己，依隨內心而活。

把它反轉過來。

我想要說不會讓我受傷、失望或生氣的實話。這感覺眞好。

來看看你的下一句。

有時候，誠實讓人擔心、害怕。

反轉過來。

誠實並不會讓人擔心、害怕。我明白了，我怕的其實不是誠實，而是「失去」。

沒錯，親愛的。現在你已經了解到「失」永遠都是「得」，這樣很好。你下一個想法是什麼？

誠實妨礙我得到自己想要的事物。那並非事實，謊言才會妨礙我得到自己想要的。這就是爲什麼我喜歡我們的眞實願望——它是如此讓人驚喜。誠實就是更貼近自己的本性而活。我是怎麼知道的呢？因爲當你不誠實的時候，你會感到痛苦，而那樣的傷痛是個機會，讓你注意到那一刻令你充滿壓力的念頭，然後質疑它，並把它反轉過來。這就是所有痛苦發揮的作用。清明的頭腦不會受苦，永遠不會。

“我們如何愛自己？其中一種方法是不要在自身之外追求認可——這是我的經驗。因為不往外尋求認可，我發現自己已經擁有它了。我不要別人認可我，我要他們按照自己的想法就好。如果追求你的認可，我會感到不舒服，而藉由轉念作業我已經了解到，你認可的東西就是我想要的。那就是愛——它不會改變任何事物。”

我丈夫應該回歸家庭

我丈夫應該回歸家庭。

你能百分之百肯定這是眞的嗎？

我非常渴望他回來。

你能百分之百肯定「他應該回來」這件事是眞的嗎？

不，我不能。

轉念作業只處理現實。實際狀況是他沒有回來，所以在他回來之前，他不應該回來。當你相信「他應該回來」這個念頭時，就是在對抗現實，而當你這麼做的時候，你必輸無疑，而且每次都輸。這就好像試圖教貓學狗叫，你說：「我這一生都要致力於教那隻貓學狗叫。」你可以一次又一次地教牠，然後十年過去了，那隻貓抬頭望著你，叫著：「喵。」有些事情比你丈夫回來更能讓你快樂，但你的信念讓你無法意識到它們的存在。你能找出是什麼事嗎？當你相信「我丈夫應該回歸家庭」這個念頭時，有何反應？

我感到痛苦、憤怒、沮喪和怨恨。

當你認爲你丈夫應該回來，他卻不回來，而讓你覺得痛苦和怨恨時，你是怎麼跟他說話的？你如何對小孩說起他？

我的態度不是很好。

說得具體一點。閉上眼睛——你看到的自己是什麼模樣？

我看到我在批評他，對他吼叫，表達出許多怨恨，對他非常冷淡而疏遠，還說一些我知道會傷害他的刻薄話。對孩子們談起他時，我會詆毀他，試圖讓他們知道他錯了，想讓他們把他看作是個冷酷無情、不忠實的人，要孩子們恨他，和我站在同一陣線。

如果沒有你丈夫應該回來這個想法，你會是怎樣的人？

我會從那些痛苦、憤怒和怨恨中解脫。

「我丈夫應該回歸家庭」——把它反轉過來。

我應該回歸家庭。沒錯，比起想念他，我的小孩可能更想念我——即使我就在家。我也想念他們，我們本來可以非常開心地在一起。

還有其他反轉句嗎？

我應該回歸我自己。

體會一下，那就是療癒。

是的，那感覺就好像我離開了很久，家裡一直沒人，然後現在我打開前門，回到家了。我可以是個快樂的女人，一個快樂的離婚女人。

你還能再找出一個反轉句嗎？

我應該回到他身邊。

你能體會到這一點嗎？

可以。

沒有人能讓你不再愛他，你是唯一可以這樣做的人。你相信的那些故事，讓你無法覺知你內在對丈夫和小孩深切的愛，以至於你假裝不希望他快樂。我可以閉上眼睛，想像我丈夫在一個愛他的女人懷裡，如果那是他想要的，我也要；我還能想像沒有他的日子，以及那樣的生活會有多充實。我的生命一直都有豐盛的愛，每個人也都如此，從來不會缺乏愛，也不會愛得太多。當我們發現自己自然地活出那些反轉句時，就知道轉念作業已經活在我們自己之內了。「我應該回歸家庭，我應該回歸我自己，我應該回到他身邊。」回家後，打個電話給你丈夫，告訴他：「我愛你，我很高興你現在和她在一起——這是我深入探索自己內心之後發現的事。我被自己對你的這份愛深深地感動了。」你對你丈夫的看法，只不過是個不讓你覺知你本身就是愛的企圖。

” 沒有什麼能讓你失去你愛的人，唯一能讓你失去丈夫的，是你相信了某個念頭。你就是這樣和他分離，婚姻就是這樣結束的。你丈夫和你原本是合一的，直到你認為他看起來應該怎樣，他應該給你某些東西，他應該是其他樣子，而不是現在的模樣。你就是這樣和他離婚的，就在你相信那些念頭的當下，你失去了你的婚姻。 “

我的靈性導師讓我失望

我對那個曾經是我靈性導師的女人感到憤怒，因爲她教我拋棄世界和家庭，爲了得到神的恩典而靈修。但是在我把所有的錢和我的一生都獻給她之後，她並沒有在我需要幫助的時候幫我。

「她沒有幫助你」——這是眞的嗎？

很多次她都沒有幫助我，而我承認有些時候她的確幫了我。但我仍然無法擺脫那些讓我感到憤怒的時刻，我覺得……

慢下來，親愛的，讓我們回到轉念作業上，你只要回答「是」或「不是」。「她沒有幫助你」——這是眞的嗎？

不是。

平靜下來，讓頭腦接受這個答案。我們不喜歡聽到眞相，因爲它和我們所相信的對立。頭腦的工作就是要逃離那些問題，並且證明它的信念是對的。它就像個受到驚嚇的小孩。所以，親愛的，當你相信「她拿了我所有的錢卻沒有幫助我」這個念頭時，你的感覺如何？

我覺得十分難過和失望，覺得她毀了我的生活。

是的，親愛的。那如果不抱持「她沒有幫助我」這個想法，你會怎樣？

我會平靜許多，不會這麼憤怒。

沒錯，所以把「她沒有幫助我」反轉過來。

我沒有幫助我自己。

這聽起來是否同樣爲眞或更加眞實？

更加眞實。

現在請找出三個眞實的例子，說明你沒有幫助你自己。

我不懂。

她有強迫你留下嗎？

沒有。

這就是一個理由。當你很不快樂卻仍然和她在一起時，你有幫助自己嗎？

沒有。噢，我明白了。她也沒有強迫我把錢都給她，只是說那樣做對我有好處。

很好，這是第二個。你把自己的錢給了她，不過是有但書的，而當你那樣做的時候，你不是在幫助自己。

是這樣沒錯。第三個是，我拋棄了我的家庭。

很好，親愛的。是她強迫你那樣做的嗎？

我必須說，不是。她並未強迫我做任何事。

你所做的一切都是因爲你想從她那裡得到某些東西。是什麼呢？

我想要神的恩典，以爲只要按照她的建議——例如與家人斷絕關係、給她我所有的錢——

去靈修，就能得到那份恩典；我以爲如果我做了那些事，她就會認可我。

「藉由贏得她的認可，你就可以得到神的恩典」——這是眞的嗎？

這個嘛……既然我知道她不是眞正有靈性的人，那答案就是「不」，這不是眞的。

「某些人比另一些人更有靈性」——你能確定這是眞的嗎？

此刻我有些懷疑了。不，我無法確定。

當你相信這個念頭時，有何反應？

我覺得自己好像不是個有靈性的人。過去我經常試著處處表現得平靜、謙虛，竭盡全力取悅我所能找到最具靈性的人，即使憤怒的時候，也假裝沒有生氣。那眞的很不容易。

「我不是個有靈性的人，所以，我會表現得很有靈性。」

沒錯，我認爲我必須努力變得有靈性。

如果沒有「某些人比另一些人更有靈性」的信念，你會怎麼過日子？

我會有許多空閒時間。

還會有許多錢。

我不會老是想要像別人一樣。我猜，我會只是去做眼前該做的事。

這聽起來很有靈性，也很自由。或許自由就是做一個平凡、快樂的女人。我鼓勵我的孩子樂於平凡，那是很好的安身之道。我就是我，不多也不少。無論如何，做自己是一件非常美好的事。我一直都只是我，這樣就很好了，但我是最後一個知道這一點的人。

我希望我也能有同樣的感受。

所以，「你必須得到他人的認可，才能擁有神的恩典」——這是眞的嗎？

不，不可能是這樣。

「你必須得到神的恩典」——這是眞的嗎？

我想要神的恩典，但我認爲自己永遠也得不到，因爲我不夠好。

假如得到了神的恩典，你會擁有些什麼呢？

我不確定。我想，那可能就像我自己處於恩典之中一樣，一切看起來都很完美——但我眞的無法想像。

如果獲得導師的認可，你會有什麼感覺？

此刻它對我一點意義也沒有，但當時它代表一切。她的認可曾經讓我欣喜若狂。

就像神的恩典一樣？

什麼？噢，這倒是事實。在我的想法裡，這兩者是一樣的，它們本來都應該帶走我的不快樂。

所以，當你相信「我需要神的恩典」時，有什麼反應？

不快樂。我覺得自己沒有價值，感到絕望，彷彿被逐出了天堂，而爲了能進去，我什麼都願意做。

包括放棄家庭，以及把所有的錢都獻給你的導師？

沒錯，那正是我當時的感覺。

噢，我的天啊！親愛的，我是這樣得到神的恩典的：我放下這個茶杯，然後又把它拿起來。這就是完美，就是來自四面八方、全然的認可。拿著這個杯子和你一起坐在這裡，讓我心懷感恩，我無法想像還有什麼比這更好。如果沒有「我需要神的恩典」這個想法，你會怎樣？

我會在這裡對你微笑，只是做我自己。我過去眞傻！

如果沒有「我眞傻」這個念頭，你會怎樣？

我會笑得更開心。

沒錯，你會是個神聖的傻瓜。你做過的一切、你的整個過去都是必要的，都是爲了讓你來到這裡，擁有那個笑容。在帶來那笑容的體驗中多待一會兒吧，那是一個心無所求、只是做自己的狀態。這就是神的恩典，沒人能給你，也沒人能剝奪，唯有未經質疑的想法——「我必須贏得神的恩典」「我的導師促使我做那些事」等等——可以把它帶走。你的導師怎麼可能強迫你留下來呢？她並沒有促使你留下，你是爲了愛才留下來的。如果我要祈禱的話，會這樣說：「神啊，免除我對愛、認可和讚賞的渴望吧。阿們。」所以，你能將「我需要神的恩典」反轉過來嗎？

我不需要神的恩典？

你怎麼會需要你已經擁有的東西呢？很高興你開始體會到這一點了，親愛的。

第七章 假如我的伴侶有缺點呢？

伴侶身上的明顯缺點是自我了悟的機會。你認為的事實，或許只是另一個未經質疑的想法。這一章的結尾有一段將離婚變成愛的故事的對話。

有人問，轉念作業是否提倡乖乖接受自己現有的關係，無論它有多糟。我告訴他們，轉念作業不提倡任何事。它怎麼做得到？它只是四個問句和一個反轉而已，但有時人們就是聽不進去。「假如無論另一半的本來面目是什麼模樣，我都愛他，」他們說，「那是否意味著我必須接受他的缺點，和他在一起？我爲什麼要忍受他？如果他眞的有很多缺點呢？」這問題眞有意思，我們來瞧瞧吧。

「他很不體貼：滿腳是泥就走進屋子裡；穿著骯髒的工作褲就坐在我剛整理好的床上繫鞋帶；沒有在聽我說話，因爲他的注意力都放在足球賽上面了。」

「她會打呼。」

「她沒有把事情做好。」

「他把白色衣服和紅色襪子一起丟進洗衣機裡，現在那些白衣服永遠變成粉紅色了。」

「她不再運動，胖了很多。看看她那身衣服繃得多緊啊！」

「他穿得整整齊齊要出門面試，結果鬍子上黏著乾掉的蛋。」

這些事情爲什麼會發生？一開始，你也許搞不清楚，但如果花個一分鐘，你就會發現這些是讓我們更親密的好機會——假如你不是很被動的話。這跟賦予自己的力量，以及透過愛之眼來看事物本來面目的能力有關。**當你針對伴侶進行轉念作業時，你了解到你所有的問題都從你自己而來，因爲是你的念頭在告訴你他是個什麼樣的人。**只要你在他身上看到任何缺點，你就可以確定自己發現了一個你在對抗現實、在蒙蔽自己的地方（發現這種地方的方法之一，是注意你覺得自己的攻擊最正當、最合理之處）。請回到源頭，回到你自己。

我們來看一下那個鬍子上黏著蛋的老公。你可以用兩種方式看待他：首先是你認爲他有缺點時：「噢，天哪，他竟然鬍子上還黏著蛋就要出門！喂，別走啊！你鬍子上有乾掉的蛋！你也太邋遢了吧，眞不知道你在想什麼。把它洗掉！快一點，你要遲到了！過來，讓我幫你清乾淨，你自己弄不掉啦。我爲什麼一定要爲你指出這些事？他們肯定不會給你那份工作。你眞讓人喪氣，我到底爲什麼會嫁給你？不，不要，我不想親你。別碰我，快走吧。」

另一種是你知道根本沒有「缺點」這回事時：「他鬍子上黏著蛋就要出門了，眞好笑，他竟然沒注意到這麼明顯的事，一定是在趕時間。我來幫他把蛋擦掉，因爲我察覺到這件事發生在我們身上，或至少我身上的幾個理由：他鬍子上黏著蛋就要出門，當然是爲了讓我及時看到他的鬍子，替他免去不必要的尷尬；另外，這件事還讓我們想像他鬍子上黏著蛋去面試的情景，而大笑一場。我有機會爲他清掉鬍子上的蛋，那樣很溫暖、珍貴、有趣且親密。如果不是那塊乾掉的蛋，我還沒時間吻他、跟他說再見呢（眞有意思，當你以爲沒時間的時候，時間就出現了）。而且，我對他的新工作還有所貢獻！」

轉念作業：「我厭倦了忍受他的缺點」

我丈夫總是遲到。他從小就有這個毛病，他自己贊同，他母親贊同，我也這樣認為。這個問題快把我氣瘋了。他不懂得關心、體貼別人，既不可靠又笨拙，不是孩子們的好榜樣。我厭倦和一個不願改變的人生活在一起。

好，假設你是對的，你能做些什麼？二十年來，你一直試圖讓他改變，但一點效果都沒有。要不要在腦子裡質疑這些事情看看？畢竟你是那個正為此痛苦的人。把「他總是遲到」反轉過來。

可是我從不遲到啊，這個反轉句對我行不通。

這是真的嗎？你能不能在自己的一生中找出三次你遲到的時刻？也許你和他在不同方面遲到過。

嗯，我是大家說的那種「大器晚成的人」——在學校念書時，我反應很慢。不過，我後來在音樂和數學方面表現優異。

說說那時的情況。

當我的父母和老師在討論我學習跟不上這個問題時，我覺得糟透了。我心裡一直知道自己最終會趕上，但他們不這樣認為。我覺得他們對我的評斷讓我的學習速度變慢，那時的我感到非常羞愧。

還有別的例子嗎？

我並不是每次都準時支付帳單。

再舉個例子？

我有一、兩次把事情拖到最後一分鐘才做，這讓我很焦慮，必須匆忙地做其他事，好擠出時間。

「他不懂得關心、體貼別人，不是孩子們的好榜樣」——你會怎麼反轉這句話？

當我因爲他遲到而大聲喝斥他時，我很不體貼；在那些時刻，我並不眞的關心他，完全不顧他的感受。當我的小孩看見我碰到事情就對自己所愛的人「大小聲」時，我不是個好榜樣。

難怪你厭倦和一個不願改變的人生活在一起，那個人就是你呀。在你可以不再管他，並把注意力放在自己的反轉句之前，你不可能感到輕鬆，也無法逃避自己。改變他不再是你此生的任務，改變你才是，因爲你是那個相信改變的人。

我無法想像自己對他的遲到問題能有什麼不同的處理態度。

他遲到是他的事，或許你只要管好自己的事情就好。例如，你可以不再期待他變得守時。

讓我們設想一個最糟糕的局面：你能想像因爲他遲到而導致的最壞狀況嗎？

我們的女兒今年六月就要結婚了。在婚禮上，他應該陪她走上紅毯，把她交給新郎。如果他遲到了，我不知道該怎麼辦。

我們來試試看。你扮演婚禮那天的女兒，她父親來晚了；我則扮演那個無條件愛他的誠實妻子——也就是你。我們在婚禮現場，他還沒來。〔凱蒂以母親的身分說話〕嗨，寶貝，今天真是結婚的好日子，你看起來真美。

〔母親以女兒的身分說話〕爸爸在哪裡？

噢，看樣子他要遲到了，親愛的。

你在說什麼呀？婚禮就要開始了耶！

我知道。你有什麼建議嗎？如果你願意，我可以陪你走上紅毯。

別開玩笑了，媽！你不能想想辦法讓他快點到嗎？

沒辦法，寶貝，我只知道他已經盡力了。我說要幫他，但他想自己來，要我別管他。

然後呢？

我當然尊重他的意願。

媽，你根本不該那樣做的。你應該催他啊，今天是我的婚禮耶！噢，天哪，現在他肯定趕不上了！都怪你！

我明白，親愛的。此刻我們能做些什麼來彌補呢？你看起來那麼美麗，雖然有些慌張。

嗯，我要孤注一擲了！好吧，你可以陪我走上紅毯嗎？

可以啊，寶貝，我覺得很榮幸。我如果哭了沒關係吧？

幹麼哭啊，媽媽？

我從未像今天這樣感激你爸爸遲到，讓我有機會陪女兒走到新郎面前。我愛你們兩個愛到要爆炸了！

媽，你是最棒的！噢，他到了！爸，快一點！

寶貝，這情節多好啊！我們居然以爲他會遲到？我們怎麼會相信「遲到」是可能的呢？他顯然來得正是時候。現在我可以坐下來觀看我女兒夢想中的婚禮，看著她父親將她交給新郎。沒有比這更棒的事了。

”看著你認為你伴侶擁有的某個缺點，然後注意那個缺點給了你什麼樣的機會去感謝他或她。如果你找不到讓你感激的地方，最終你不得不把憤怒發洩在伴侶身上，或者你可能會因為缺乏進展而備感挫折，然後在心理上抨擊自己和另一半。你一直以來體驗到的這些責難單純只是你思想中需要被質疑之處，當你清楚看見你可以感激伴侶的地方，你會成長，並成為無限的愛。“

一段很糟糕的關係——跟誰的？

轉念作業從來不是被動、消極的，儘管它爲人們帶來的結果總是很平靜。有時，你也許會發現自己愛上某個憤怒、喜歡傷害別人、有暴力行爲，或者對他自己很不客氣的人，某個把他的想法投射在你身上，深信是你讓他受苦的人。如果你覺得應該離開他，就想盡辦法走出這段關係。每段糟糕的關係都是不同的故事，但解決辦法是一樣的：問你自己。

如果和我生活在一起的人把他的想法投射在我身上，弄得我傷痕累累，那麼我就必須質疑自己的想法，質疑那些讓我不敢離開他的念頭，還須質疑類似這樣的說法：「他不該打我，不該對我大吼大叫，不該對我有所保留。」然後把它們反轉過來，變成：「我不該用他的手來打我，不該在心裡對我自己大吼大叫，不該對我自己有所保留，不給自己（快樂）。」然後問問自己，這些反轉句是否同樣爲眞或更加眞實？如果是，我該如何實踐這些反轉句？

“了解我不是你分內的事——是我的。”

平靜地分手或留下

你或許願意忍受伴侶表面上的缺點，也或許不願意。無論要走要留，你都有兩種不同的方式可選擇。一種是平靜地帶著愛離開或留下，另一種則是彼此敵視，帶著憤怒與責備。如果你想要的是平靜，那就去評斷你的另一半，把想法寫下來，問四個問題，再把它們反轉過來。你要清楚地讓自己了解到，他的缺點只是**你眼中**的缺點，然後讓決定自己出現。決定總會在該來的時候來，一秒也不會提前。

我把這一章剩下的部分全部用來敘述我和一位來自阿姆斯特丹的女士之間的對話。這段對話是個完美的例子，說明當一個人徹底相信某個念頭時，那念頭在她眼裡就成了事實。這位女士百分之百確信她丈夫最終是個完全無法溝通的人，她決定要離開他了；但是當她仔細審視這些表面上的事實，卻發現它們只不過是兩個未經質疑的念頭。

親愛的，歡迎來做轉念作業。我們來看看你寫了些什麼。

我寫的是我的婚姻，因爲我將離開我丈夫，對此我覺得很內疚。

「你將離開他」——這是眞的嗎？

是的。

你能百分之百肯定這是眞的嗎？

此刻？不，我想我沒辦法。

當你相信「我將離開他」這個念頭時，有什麼反應？

我覺得很內疚。

當你相信這個念頭並感到內疚時，如何對待他？

我對他發火。

嗯，這就彷彿你已經離開他了——在情感上離開他。如果沒有「我將離開我丈夫」這個想法，你會怎麼樣？假設你五天後要離開那個男人，那麼和他生活在一起的五天裡，如果沒有這個想法，你會怎樣？

很平靜。我想我會更把他當作一個完整的人。

是的，當你不帶內疚地看著他時，那五天你或許會過得很不錯。他甚至可能幫你收拾行李呢。

我很希望這樣。

那麼你們兩個可以一起祝福你。「我將離開他」——把它反轉過來。

我不會離開他。

你能找出三種即使你已經搬走，還是不會離開他的情況嗎？

我依然關心他；我會定期邀他來看小孩；我願意在他需要我的時候支持他。

沒錯，你們可以是很好的朋友。能夠去愛、去關心你小孩的父親眞好，那是開放的頭腦所獲得的禮物。當你開放了頭腦，你的心會隨之敞開；沒有開放的頭腦就沒有開放的心。那些分開且相信自己念頭的爲人父母者，可能很冷漠、憤怒和困惑，這樣就很難體驗自己的心。人們可以無條件地愛著彼此，但仍然選擇離婚。我們不一定要在憤怒的狀態下分手。

但如果依然愛著對方，好像更難分手，因爲我覺得自己缺乏離開的動力。

「你必須用恐懼或怨恨當作動力」——這是眞的嗎？

不，我發現不是這樣，但如果我們之間有許多爭執和怒氣，會比較容易向別人解釋我們爲何要分手。

我們只要針對你自己的理解就行。你如何向自己解釋你們分手的原因？

我要離開他是因爲他不願跟我說話。

好，那你就這樣跟別人解釋啊。當他們問你爲什麼要離開他時，你可以說：「我很愛他，不過我想和一個會跟我說話的人一起生活。」

哦。

當你丈夫問你爲什麼要離開他時，你可以說：「因爲你不跟我說話。」你有你自己的理由，也許在其他人眼裡，那個理由不夠充分，但對你來說已經足夠了。當你對自己的分手理由感到心安理得時，你的頭腦將不再是個戰場，而你的子女會從你身上學到分手不一定需要憤怒作動力，還有別的方式。你有你離開的原因，但你仍然愛他，而且你喜歡自己心態平和、充滿關愛。你寫的下一句是什麼？

我很生我丈夫的氣，因爲他讓我失望、沮喪，也辜負了我們的婚姻。

「他辜負了你們的婚姻」——這是眞的嗎？

我不確定。

進行轉念作業時，「是」或「不是」都是好答案；或者，你也可以回答「我不知道」。「他辜負了你們的婚姻」——這是眞的嗎？

不，不是。

我聽到你回答「不」了。你在哪裡找到「不」的？

我有點暈頭轉向，現在已經搞不清楚到底是誰錯了。

很好，所以此刻你的回答是「不是眞的」。當你相信「他辜負了我們的婚姻」這個念頭時，有何反應？

我想起我是如何爲我們的婚姻而努力，我認爲他應該聽我的話。他一走進房間，我的念頭就開始攻擊他，找出所有他辜負了我們婚姻的地方。我用我的能量把他推開。

如果你不認爲他辜負了你們的婚姻，那麼當你看見他走進房間時，會怎麼樣？

我會看見一個男人走進房裡，這樣很好。

是的，無論他有沒有話要說，你都有空說話。即使他沉默不語，你也可以看著他，而不去挑他的毛病。所以，請將「他辜負了你們的婚姻」反轉過來。

我辜負了我們的婚姻。

你能找出三個例子，說明你辜負了你們的婚姻嗎？

讓我想想……我經常批評他；我沒有坦率地把我想從這段關係中得到些什麼全都告訴他；我逼他逼得太緊了。

你或許想要對他說：「親愛的，我辜負了我們的婚姻，我由衷地對此感到抱歉。」然後，你可以具體和他分享你剛剛發現的事。現在來看看下一句。

我需要我丈夫了解到，我無法繼續維持這段婚姻了。

「你需要他了解」——這是眞的嗎？

我**希望**他了解。

「你**需要**他了解」——你能百分之百肯定這是眞的嗎？這個問題非常重要。

不，我無法百分之百確定。

當你認爲你需要他了解，他卻不懂時，你有何反應？

我不停地尋找我無法擁有的事物，總是把追尋的目光放在自身以外、放在他身上。我希望他能提供我想要的答案，他卻什麼答案也沒有，這讓我越來越灰心喪氣。

當他仍然不了解你時，你如何對待他？

我對待他的方式就好像一切都是他的錯。

假如他還是不了解呢？

我會放棄。

當你雖然放棄，卻依然認爲你需要他的了解時，會是什麼情況？

我擺出一副施恩者的樣子，言語尖刻，或者繃著一張臉，一句話也不說。我的感覺和行爲都像個受害者。

如果沒有「我需要他了解」這個想法，你會怎樣？

我會如釋重負，並且允許他在沉默中做自己。

即使人們說「噢，我了解」，我們也永遠無法確定他們了解的是什麼，不可能的，親愛的。那麼，讓我們看看什麼是可能的吧。請把「我需要他了解我」反轉過來。

我需要了解我自己。

是的，僅僅藉由寫這張轉念作業單，你已經很了解自己了。每當你希望了解自己時，就去評斷你的另一半，然後把想法寫下來，問四個問題，再將它反轉過來。你能再找到一個「我需要我丈夫了解我」的反轉句嗎？

我需要了解我丈夫。

也許他現在很痛苦，而無法去了解你。現在你可以給他一些答案，而且是以充滿愛、不帶憤怒的方式把答案告訴他，讓他知道你發現了哪些跟你自己有關的事，就像他的好朋友一樣，然後理解他。還有一個反轉句。

我不需要他了解我——如果可以那樣就好了。

假如我們誠實且清楚地表達自己，那些愛我們的人會更容易明白我們的意思，這樣我們就不用對他們大吼大叫，好像他們是敵人似的。我們只是友善且充滿愛，並且讓他們清楚知道我們對兩人之間的問題有些什麼貢獻。我們曉得他們也想要了解，但如果我們期待從他們那裡得到理解，那就放錯重點了。重要的不是他們了解我們，而是我們要了解自己，因爲當我們了解自己時，才是最快樂的。

那樣感覺好多了，因爲如此一來，我就要爲這個狀況負責了。

唸出你寫的下一句。

我丈夫不應該不跟我說話，他那樣做讓我很失望、沮喪。

把它反轉過來。

我不應該不跟我自己說話，我那樣做讓我很失望、沮喪。

沒錯。你是不是想在他身上尋找存在你心裡的答案？

那些答案眞難找。

而你卻認爲他應該找得到。現在請唸下一句。

我需要我丈夫發現我現在的狀況。

「你需要他發現你現在的狀況」——這是眞的嗎？

我希望如此。那會讓我覺得更平靜、更安心。

讓我們從這個角度來檢視：「他沒有發現你現在的狀況」——這是眞的嗎？你有沒有告訴過他你要離開？

沒有。

「你丈夫應該發現你現在的狀況」——這是眞的嗎？

不是。

這是個很好的發現。你一直保持沉默。

但我談過所有讓我想離開的事。

「他應該發現你**現在**的狀況」——這是眞的嗎？難不成他可以通靈？

不是。

那麼，當你相信這個念頭，而他完全沒察覺到你要離開他的時候，你有什麼反應？

我感受到很大的壓力。

把它反轉過來。

我丈夫不應該發現我現在的狀況。

因為那是不可能的。為什麼你害怕告訴他？

我怕他聽了會因為太震驚而崩潰。

你怕他聽了會因為太震驚而崩潰，那麼這對你有什麼影響？

我會覺得自己必須負責，而且感到十分內疚。我還怕奶奶——也就是我婆婆——會非常生我的氣。

好，我們來演一場戲。你扮演你丈夫，我來做那個十分愛他的人——也就是誠實的你。〔凱蒂以妻子的身分說話〕親愛的，我下定決心要離開你了。

〔妻子以丈夫的身分說話〕你不會，那是不可能的。

我聽到你說的了，不過我要離開你了。

但是你應該給我們的婚姻一次機會啊。

我試過了。真的很奇怪，我這麼愛你，卻要離開了。

你應該再努力試試，每一段關係都會經歷高潮、低潮啊。

你說得對。你在這件事情上面的反應還不錯嘛。

是嗎？

我是這樣認為啦。原先我以為聽到我說的那些話，你會因為太過震驚而崩潰呢，結果你仍然站在這裡和我說話。〔凱蒂做回自己〕好，現在請你扮演你很害怕的奶奶。

〔妻子以奶奶的身分說話〕你眞是被寵壞了。想想你擁有的一切，以及他爲你做的每一件事。你只想到自己。

嗯，你是對的。他的確爲我做了許多美好的事，而且他是個很好的父親。他很棒，我眞的愛他。

那你爲什麼還要離開他？

因爲他沉默寡言，不跟我說話。

但是你要爲小孩著想啊，想想他們會有多痛苦。

你或許是對的。我會盡量仁慈、寬厚，讓孩子們知道他們有個很棒的父親。

那就別離開他！

我做不到，因爲他不跟我說話。〔凱蒂做回自己〕親愛的，現在你已經質疑過自己的想法了，所以你知道什麼對你來說是眞的，你知道他有多麼深情、體貼，而且你曉得自己也是。另外，你還知道每個人都非常關心你們的小孩。你已經擁有成爲一個誠實正直的人所要具備的一切。沒有人需要害怕眞相，是我們圍著眞相建立起來的防禦措施在我們心裡激起恐懼。當我以你的身分說話時，我說的一切都來自你在轉念作業單上寫下的內容。讓我們來看看下一句。

我丈夫個性封閉、固執，從不告訴別人他的想法；他很天眞、獨特、歇斯底里、憤怒且混亂。

把它反轉過來：「我……」

我個性封閉。

嗯，找出你封閉的地方——比方說，你還沒告訴他你要離開。你還在哪些方面對你丈夫、小孩和你自己關上心門？反正你都要離開他了，還不如也對這個男人敞開胸懷。誰知道呢，或許你會遇見過去從未認識的他。眞相可以改變許多事物。接下來唸下一句。

我很固執。我的確傾向堅持自己的想法。

沒錯。例如，他的沉默寡言對你可以是件好事。「親愛的，晚餐你想吃什麼？」一片沉默。「很好，那我就不用做飯了。這個週末你想做些什麼？」又是一片沉默。「等你想起來再告訴我吧。」然後，你就是繼續按照你的計畫過日子。「你愛我嗎？」寂靜無聲。嗯，我可以環顧屋內，自己回答那個問題——看著孩子，我知道他愛我；看著那些照片，我知道他愛我；看著屋裡的牆和地板，我知道他愛我。還需要問他嗎？我對他的愛眞是視而不見啊。然後，你可以誠實地對他說「我愛你」——如果這對你來說是眞的。請唸下一句。

我很天眞。

是的，親愛的，你很天眞。看看你相信的那些對你來說根本不眞實的事，那就是天眞。

我在盡我自己最大的努力。

沒錯，每個人都在盡最大的努力，但是當我們相信自己的想法時，就不得不按照那些想法而活。如果我們的頭腦一片混亂，我們的生活也會是那樣；如果我們的思想裡有傷痛，我們的生活也會有。要愛人如己？我一直都是那樣——當我恨我自己時，我恨你，事情就是這樣運作的。如果我恨某人，那是我誤把他當成我了，而解答依然沒有出現。讓我們看看下一句。

我很混亂、很憤怒。

說「我的**思想**很混亂、很憤怒」還比較精確，而你已經知道如何藉由質疑自己的念頭來解決這個問題了。請唸下一句。

我再也不要經歷「我丈夫不想跟我說話」這種事了。

把它反轉過來。

我丈夫不想跟我說話沒關係，我期待我丈夫不想跟我說話。

現在你扮演你沉默寡言的丈夫，我來當那個愛他的人——也就是你。〔凱蒂以妻子的身分說話〕嗨，親愛的，你願意跟我說話嗎？

〔妻子以丈夫的身分說話〕我一定要說嗎？

哇，你在說話耶！不，你不一定要跟我說話，現在不一定，以後也是。我真的很感激。

很好，我也是。

晚餐你想吃什麼？

嗯，我不知道。

好吧，在你想出來之前，我先去把孩子們餵飽。

聽起來不錯。

太好了，你眞的非常容易相處。

謝謝。

別客氣。你今天過得怎麼樣？

很緊張、壓力很大，不過現在沒事了。

太好了，你眞棒！你眞的撐過來了。

是的，我想我是撐過來了。

你知道嗎？你這個人很平靜，所以到底是什麼事情讓你緊張、充滿壓力？

噢，只是有人沒做他該做的工作啦。你知道的，就是這類事情。

我能坐在你腿上嗎？

什麼？現在？

沒錯，就是現在。我可以坐在你腿上摟著你嗎？

可以啊。來吧。

〔凱蒂做回自己〕你有沒有發現，這傢伙回答了我提出的每個問題呢。

沒錯，你說得對。

那麼現在你該明白，你離開他不是因爲他沉默寡言，你只是想離開他。

或許是這樣。可惡！這有可能嗎？

要一直抱持你離開的原因——也就是認爲他不跟你說話——你必須相信這個想法，即使他正在跟你講話。信念的威力就是如此強大。我注意到他回答了每一個問題，只是聲音聽起來有點累。

是的，他很努力工作。

我看不出這中間有什麼問題，聽聽他是怎麼回答你的。或許，如果你用不同的方式接近他，他會很興奮。他什麼也不說，所以你就繼續相信自己對他的看法。事實上，他回答了每個問題，而且這傢伙還不要人費心，即使工作上有什麼不順利，也會在回家之前解決。此外，他還不介意你要不要做晚飯，那會讓你的日子過得非常愉快。

是這樣沒錯，但是在某種程度上，我覺得我剛才的回答，比他實際上的回應好很多，而且我不知道自己能否在他悶不吭聲時像你一樣充滿愛。

非常好。所以，你有沒有試過問他過得怎麼樣？也許**你**才是那個沉默的人。你想跟他談什麼呢？

當然是要談談我們的關係。

嗯，那你可以說：「親愛的，你對我們的關係有什麼看法？」

我不會那樣說，我會說：「我很難過，因為我們沒辦法討論事情，我們從來都不溝通。」

好吧，凱蒂，我知道問題出在哪裡了。

很好。你認為他很沉默，而且相信那個想法，於是便走到他面前說：「你從來都不跟我說話，到底是怎麼了？我們根本沒有共同點。」這種說話方式沒有留下多少討論的空間。如果他真的在乎你、不想讓你不開心，也許他會認為最好別和你爭論，因而變得沉默。所以回家後，注意一下你是如何跟他交流的，他的沉默可能是你的溝通方式造成的。或許是因為當你那樣子跟他講話時，他不想讓你不高興，所以保持沉默。

沒錯，那可能是真的。

寶貝，你做得很好，難怪他那麼愛你。既然你已經發現你沒什麼好怕的，那麼，如果你覺得困惑，儘管繼續評斷你丈夫，不要停下來，繼續寫下更多你要離開或留下的理由。它們沒有一個是「事實」，也沒有一個能把你的丈夫變成敵人。另外，你不用害怕奶奶，那實在沒必要，因為聽起來她很愛你和她的孫子。

在進行轉念作業、審視自身想法時，這位可愛的女士想離開她丈夫的理由站不住腳了。

最終，她也許會離開或繼續留在婚姻裡，但無論結果是什麼，她了解到她不必停止愛她的丈夫。當你質疑自己的想法時，你會發現愛一直都在那裡，只是你對它視而不見。假如我心想：「他是怎麼了？」在那個當下，**我**一定有問題，我在我們之間設置了一個障礙。雖然只是一個念頭，但看看我的頭腦是如何大做文章的。在質疑我對他的看法、在進行轉念作業之前，我無法意識到愛的存在。於是我質疑了那個念頭，然後，我又重新看見愛了。如果我不愛你，那我一定是失去了清明，失去和我自己的連繫，完全不了解什麼才能給我最大的快樂。當我質疑我對你的所有看法——那些看法讓我充滿壓力——然後把它們反轉過來時，愛就復活了——對愛的覺知復活了。但我必須眞的去質疑，必須深入自己的內在去找出眞實的答案——對我而言眞實的答案。當我發現對我來說什麼是眞實的，就再也不會有障礙——在我和伴侶之間，或是我和這世上的任何人之間，都沒有障礙。

“伴侶對你做的事情也有你出的一份力，是全世界最甜蜜的事。你感到謙卑，沒有任何想為自己辯護的衝動，變得十分脆弱，很容易受傷。這種脆弱如此美味，讓你想要把盤子舔得一乾二淨。”

第八章　在愛中自由的關鍵

如果你認為自己絕對需要某人，沒有那個人你就活不下去；如果你認為身邊的人或你的生活無法給你想要的事物，那麼，這一章提供了一些強而有力的方法，讓你可以幫助自己。

這一章會介紹一些方法，讓你在質疑那些似乎無法被質疑的信念時，用來鼓勵和支持自己。

腳上的襪子讓你活在當下

我們來看一個非常熟悉的例子：人們覺得自己極度需要某人或某事的時刻。儘管對方已經非常明確地表明她不會回頭，但你就是放不下「我需要她回到我身邊」這個想法。當你問自己：「我需要她回到我身邊——這是眞的嗎？」可以試試下面這些提示：「這眞的是我需要的嗎？我能確定最終什麼對我是最好的嗎？我有沒有繼續過我的日子？我還在呼吸嗎？我今天是不是穿了兩隻襪子？它們是一對的嗎？」**這些問題會溫柔地把你帶回現實生活，發現此刻沒有她，你也過得很好——即使你正想著沒有她你就活不下去，所以你需要她回到你身邊**。這些問題幫助你平息「我正處於生死存亡關頭」這種孩子氣的想法。那小孩說：「我的心都碎了，誰還在乎有沒有穿錯襪子？」而你的答案是：顯然**你**很在乎。證明就在你的腳上——注意到這一點非常重要。

「需要」這個詞暗示著一種永久的心態。當你認爲「我需要她回到我身邊」時，你相信自己會永遠有這種感覺；但如果仔細檢視自己的經驗，你會發現根本沒有什麼「永久的心態」。你今天遇到的問題，有多少是因爲你相信了某個跟未來有關的念頭？在你認爲自己需要愛的時候，你其實只是在想像將來某些你認爲你需要愛的時刻；你眞切地想像五年後的自己坐在、站在或躺在某處，心裡想著：「我需要她愛我。」這是個讓人非常痛苦的念頭。

用那個念頭來嚇自己很容易，只要相信它就行了；而不讓自己害怕也同樣簡單，你只要坐在客廳裡，腳上穿著成雙的襪子，花一些些時間就可以辦到。首先要注意其中的戲法，意識到你正在用自己的念頭召喚未來，看看你是如何把眞實的當下奉獻給那個虛構的未來。然後，針對你設想的未來提出那四個問題，問問自己：「『半年或五年後，我會需要她回到我身邊』——這是眞的嗎？我可以百分之百肯定這是眞的嗎？我能確定到時候我還想跟她在一起嗎？當我相信這個想法時，有何反應？如果沒有這個想法，我會怎樣？」然後反轉這個念頭，並找出三個理由，說明爲什麼每個反轉句可能同樣爲眞或更加眞實。一顆開放、無懼的心很快就會浮現各種選擇。

“某個痛苦的想法一旦被理解，那麼下次它再出現時，你或許會發現它很有趣。過去的惡夢現在只讓你覺得有趣，下一次，你或許會發現它很可笑，然後再下一次，你甚至可能沒注意到它又出現了。這就是「愛事物本來面目」所擁有的力量。”

你可以不帶恐懼地活下去

有些念頭聽起來很恐怖，讓人不敢審視，例如「沒有你，我就活不下去了」「我的小孩如果死了，我也活不了」。這類念頭眞的很嚇人，我們常常問都不問自己是否眞的相信，就把它們推回去，不願再想，或是把這些念頭當作是眞的，因而覺得焦慮、不安，卻不知道爲什麼。這一節將探討阻礙你進行轉念作業的一些原因。

多數人的生命中都有某些他們認爲不能沒有的人事物，例如你可能會千方百計地避免失去你的丈夫、你的小孩、你的錢、你的工作和你的家，而你採取的預防手段通常是：一天到晚擔心，對你所愛的人設下種種限制，努力讓他們遠離你害怕的那些麻煩。

有時現實會介入，帶走人們認爲自己不能沒有的人事物。但事實上，他們活下來了。當最糟糕的事情發生時，人們會告訴你（如果你敢問），活在恐懼中比實際發生的事件更令人痛苦，而且他們的親友面對的問題，往往比他們大得多。以下是某位女士的經驗：

在我母親罹患胰腺癌即將離世的最後那些日子裡，我住在她房間、睡在她身旁，照顧了她四星期，直到她去世。我餵她吃東西、吃藥，幫她洗澡，也為她煮飯，珍愛她。她的呼吸成了我生活的節奏，我的一舉一動都圍繞著她進行。我們一起修眉毛、塗指甲，笑個不停；我們談論對她而言很重要的一切，還一起看歐普拉秀。這是我有生以來和母親共同度過最快樂的時光。當人們帶著他們創造出來的故事——「她就要死了，真可怕」——來看她時，我親眼看見母親變成奄奄一息的癌症病人——她似乎認為她應該表現出這副模樣。房裡的每個人都十分嚴肅、悲傷且沉默，可是當那些來探病的人一離開，母親和我立刻回復正常——付出、接受，一起哭，也一起笑。

經歷過親人離世的人會告訴你，那種「失去」的體驗往往比他們以爲的仁慈許多。轉念作業讓你在所愛的人發生事情**之前**，消除對「失去」的恐懼。另外，它也讓你看到，當每個人在現實中還好好地活著時，那些充滿恐懼的信念如何傷害你和你愛的人之間的關係。當身邊的人發現你不再認爲你的生命由他們的幸福來決定，他們將因此受惠不少，因爲如果你不需要他們爲了你活著，他們就可以自由地爲自己而活。

「如果我的孩子死了，我就活不下去」——這是眞的嗎？

大多數人都認同這個念頭，即使他們沒有小孩。許多父母——尤其是孩子還小的父母——

對這個問題的自動回應是：「沒錯，那當然是眞的。我的小孩如果死了，我會無法承受。」

阻礙你找出眞實的答案，甚至阻礙你質疑這個想法的相關信念是什麼呢？下面這個念頭你或許也有：「就算只是思考過沒有孩子我也**可以**繼續活下去，都是對他們的背叛，因爲那表示我不是眞的愛他們。」這個想法當然很荒唐，但並不妨礙任何人去相信它。如果改變措辭，把這句話說得簡單一點，就更容易看出它的愚蠢可笑之處：「如果不活在失去孩子的恐懼中，就表示我不愛他們。」或者，「如果我不痛苦，就代表我不在乎。」有時候，頭腦還會想得更遠，就像迷信的穴居人一樣，人們或許會認爲：「如果允許自己去設想即使經歷過可怕的事件，我也能活下去，那麼可怕的事件就眞的會發生。」這類想法的確很有力量，但那是另一種力量。接下來這個問題精確地揭示了它們的影響。

·當你相信那個想法時，有何反應？

當你認爲如果你的小孩死了，你就活不下去時，你是怎麼過日子的？當你相信那個想法時，如何對待自己的小孩？你可能會約束他們，想方設法要保障他們的安全，但那些方法對孩子來說或許不太健康。另外，你對待他們的方式就好像你的生命由他們決定（因爲那個念頭是這麼說的），這意味著你認爲孩子是爲你而存在的。「親愛的，別跑到街上去，因爲如果你死了，我不認爲我還能活下去。」當你表現出這樣的行爲舉止時，你在教導他們什麼？

你在教他們這個世界很可怕，隨時隨地都可能發生恐怖的事；你還教他們，讓你活下去是他們的任務，他們要對你負責。而當你相信那個念頭時，你又是如何對待自己的？你讓自己的腦袋充滿恐懼和擔憂，壓縮自己的心，還把一個想像中痛苦不堪的未來強加在自己身上。你無法和你自己活在當下，因爲你的思想一刻也放不下你的小孩。

‧如果沒有那個想法，你會怎樣？

假如你根本無法想到「如果我的孩子死了，我就活不下去」那個念頭，你會是怎樣的父母？在這個問題上花點時間，去感受把恐懼從你的親子關係中去除之後的結果。你心裡會只剩下愛，你會教你的小孩怎樣自信、聰明地過馬路，怎樣好好照顧自己——是爲了他們，而不是爲了你。有了你這個榜樣，你的孩子也許會逐漸了解到，如果心愛的人去世了，他們也能活下去——他們會沒事的。

‧反轉那個念頭

「如果我的孩子死了，我也**可以**活下去。」請不要敷衍了事，要讓自己眞的去想像你認爲無法想像的情景：如果沒有你的小孩，你**可以**擁有的生活。把痛苦丟到一邊，去找出那樣的生活帶來的某些好處吧。沒什麼好怕的，這樣做的目的是爲了掙脫可怕的信念對你的掌控。

請找出三個例子，說明沒有你的小孩，你的日子會過得更好（這個步驟是非常有效的「萬能救命法寶」：每當你認爲自己無法承受某件事，就去找出三個例子，證明你其實可以承受）。即使這三個例子看起來很蠢也沒關係，只要是眞實的就行。例如，「我可以第一個洗澡了。」「我可以去看電影，不必找保母來照顧小孩了。」「我可以成爲我一直希望他們會遇到的那種學校老師了。」

或許你認爲，這些理由和擁有小孩相比，實在微不足道，但你並不是在衡量它們之間孰輕孰重，而是以更誠實的態度面對自己的恐懼——「如果我的孩子死了，我也**可以**活下去。」然後，你就能帶著全新的面貌回到現實中。

想像你的孩子走到你面前問道：「媽，如果沒有我，你會好好的吧？」現在你可以看著他或她的眼睛說：「我喜歡生命中有你，如果你不在了，我會非常想念你，但我會沒事的。」

「眞的嗎，媽？沒有我你會怎樣？」

「噢，親愛的，讓我想想。嗯，早上我不必那麼早起床；我可以第一個洗澡；無論何時，只要我想出去就可以出去。最重要的是，我喜歡生命中有你，永遠沒有什麼能把你從我心裡帶走。」那其中沒有任何恐懼，你已經學到——孩子們也學到了——愛並不代表恐懼。

對抗現實會帶來痛苦

讓自己痛苦和困惑的一種方法，就是想起某個長期需求（「現在我或許過得還不錯，但明年我得找個老公」）；另一種方法就是去相信和當下這一刻對抗的念頭。這兩種方法有許多共同點——無論你面臨的是哪種情況，你都活在讓你脫離現實的想法中；你在和現實爭論，而不是去享受或單純地面對它。

某個寒冷的冬日，我朋友的朋友在密西根州一個建築工地工作。那是個狂風呼嘯、零下十度左右的大冷天，強風把一大塊夾板從屋頂上掀下來，帶著大量的積雪掉在一名木匠身上。在場的工人看著那個木匠把板子推到一邊，站起身來，一面撣去身上的雪，一面查看自己是否受傷。大家本來都預期會聽到他的一陣咒罵，那個木匠卻說：「太棒了，我就喜歡這樣。」然後便大笑起來。其他工人也跟著笑，笑得失去控制、在地上打滾，笑得淚水都流出來，在冰冷的空氣中凝結在臉上。沒有比這更美好的事了。

這個故事跟愛有什麼關係？**它就是愛。**

愛的反面或許就是那些你十分厭惡當下發生之事的時刻、那些你完全無法接受，覺得震驚或悔恨的時刻。大家都知道飛機失事後找到的黑盒子裡記錄的最後一句話通常是什麼，那跟你在某些時刻脫口而出的是同一句——比方說，你開會要遲到了，卻發現自己把鑰匙鎖在車子裡，或是有人在最後一刻取消了和你的約會，這時，你會忿忿不平地說：「該死！」

大部分人的生活都不停地被突發的怒氣打斷，他們以此表達對所發生之事的排斥。在這些時刻裡，我們的腦袋會出現什麼樣的念頭？「我毫無希望」「如果他沒有那樣做……」「她總是……」「我早該知道不要做這件事」——這些念頭往往大同小異，說的都是如果你早知道這樣、如果你能料到或記得的話，你就會怎樣怎樣做了。你認爲，如果你沒有這樣做，而是那樣做，就可以控制事態的發展。「噢，該死！」這句話標記著現實和你的計畫分道揚鑣的那個點。事情似乎沒有照你的劇本發展，於是你竭盡全力對抗現實，哪怕你能做的就是咒罵、踢石子，或是找你所愛的人麻煩。

你越是相信事情在你的掌控之中，你的生活就會出現越多上面那樣的時刻。有些人甚至到了隨時隨地都在對抗現實的地步，而那就是當沒人聽從他們時，他們對「我說了算」這個念頭的反應。這些人的腦袋裡有個戰場。

另一種態度則是期待現實**不會**照你的計畫發展。你了解到自己完全不曉得接下來會發生什麼，於是，如果事態的發展似乎符合你的期望，你會感到驚喜；假如它們和你的期望不符，你也會有驚喜。第二種情況發生時，你或許還沒看到新的可能性是什麼，但生命很快就會把種種可能性展現在你面前，而舊有的計畫並不會阻止你前進，也不會妨礙你有效率地融入超出你計畫和期待的生命之流。

挑一個你覺得特別懊惱的時刻：你把鑰匙鎖在車裡時、你因爲踩到水滑倒而摔斷腿時、你聽到一通電話留言，得知期待已久的約會被取消時，或是你發現他不會回來時。請找出那些隨著咒罵浮現的念頭——「他要跟我分手了」「我這輩子完了」——然後問問自己：「這是眞的嗎？我能百分之百確定嗎？當我相信那個想法時，有何反應？如果不信，那麼此刻的我會變成怎樣？」接著反轉那個念頭，讓生命爲你指出你還沒看到的新方向，於是你就可以沿著那個方向繼續前行。練習一段時間之後，你就不必再站在電話旁邊問那四個問題了；整個質疑想法的轉念過程已經成了你生命的一部分，在充滿壓力的想法還沒來得及影響你之前，轉念作業就已經爲你化解了。而一旦沒了你舊有的計畫，你的頭腦立刻充滿各式各樣新的可能性。

你請假去機場接女友，眼看所有乘客都已離開，你仍然眼巴巴地站在出入口等人。打了幾通電話後，你發現自己記錯女友回來的日期了——顯然，你帶來的鮮花得送給那個正好站在你附近的小女孩了。而從機場到你家要坐很久的地鐵，既然你現在可以自由運用這段時間，於是便拿起一本你早就想看的小說，一路上愉快地看著書。晚上，你邀請一個朋友來共進晚餐，開心地享用原本是爲女友精心準備的佳餚。嗯，這一天過得眞不錯。

當你這樣訓練自己的頭腦後，常有的驚慌和恐懼就會消失，無望和挫折的感覺變得越來越少。因此，當你在生活中遇到挫折時，如果可以去質疑那時在你心裡升起的念頭，你的整個生命品質會徹底改變。

我手裡端著一杯滾燙的咖啡，和丈夫一起離開那家咖啡館。他協助我坐進車子的後座，然後一面衝著我微笑，一面把沉重的背包放在我旁邊的位子上。背包碰到我端著咖啡的手，滾燙的咖啡立刻潑得我滿手滿腿都是。好燙啊！我為了工作（只剩兩小時就要開始，而我們快遲到了）才剛換上的那身乾淨衣服，現在變得又溼又髒。我坐著不動，注意到我那發燙且溼漉漉的腿上、手上和指間有一種黏答答的感覺，那是咖啡裡的奶油和代糖造成的。沒關係，其實我很好，我本來等著看會不會起水泡，結果沒有。

丈夫對我說：「真抱歉。」看起來一臉震驚。我察覺到我心裡浮現了「他明知我端著熱咖啡」的念頭，然後我知道，我如果相信它，會因此升起一股怒氣；而就在我察覺到的那一刻，那個念頭立刻溫柔地沉回它來的地方。另外我還注意到，伴隨著那個念頭的，是你聽到精采的笑話時會浮現的微笑。（儘管買咖啡的時候他就在我身旁，但我不能確定當他放下背包時，有沒有意識到我手裡端著咖啡。）「他應該記得我手裡端著咖啡。」不，這並非事實，我自己也無法記住我不記得的事啊。那是不可能的。「他不關心。」我怎麼知道他關不關心？而且這麼說也太好笑了，他這輩子都在關心別人耶。再者，你可以在你不關心的時候讓自己關心嗎？這也不可能嘛。

行車途中，我的頭腦偶爾會想要針對剛才的小意外評論一番，卻找不到一個正當的理由去生氣、痛苦、怨恨、攻擊或產生分離感。用一些紙巾把溼掉的地方擦乾後，我便優閒地一邊欣賞新英格蘭地區的美麗春色，一邊握著丈夫的手——反正我的手空出來了——和他一起取笑剛剛那個咖啡小意外，微笑著繼續我們（在我看來）非常愉快的旅行。

”察覺並舉出意外為我們發生的美好理由，會終結難以理解的事物。如果你沒找到真正的理由——那些符合仁慈天性的友善理由——那就讓沮喪的感覺來提醒你吧。你永遠可以想像讓你感到憤怒、挫敗、想要攻擊的理由，但那樣做有什麼用？那些沒興趣了解為何一切都很美好的人，往往都需要堅持自己是對的，但伴隨著表面上的正確而來的，是不滿、沮喪和分離的感覺。沮喪感覺起來很嚴重，因此，「找出真實的例子，說明這個意外事件是為我發生，而不是發生在我身上」並非遊戲，而是一個觀察生命本質的練習。它可以把你帶回現實、回到事物本質的良善之中。“

「這正是我需要的」——滿足你需求的捷徑

在親密關係中，你很容易就完全沉浸在你認爲自己需要的事物裡。「我需要你坐在我看得見的地方；我需要你告訴我你在想什麼；我需要你對我說實話；我需要你永遠也別離開我；我需要你信任我、相信我、準時、說話算話、微笑、在人前牽著我的手、更外向一點、聽我說話、有空陪我、幫助我、跟我結婚、跟我在一起、跟我上床、給我你的錢、滋養我、贊同我、知道你錯了、知道何時我想獨處、不用我說就知道我需要什麼、別那麼敏感、更敏感一點、別再和那些我不喜歡的人來往、對我的朋友好一點、換個音樂、愛我……」

至此，你對自己的需求很熟悉。另外你也很清楚，當你認爲自己有權滿足那些需求，而那似乎不可能時，你的生活會受到什麼樣的影響。其結果就是毫無希望的追尋，充滿沮喪、怨恨及分離感。現在你已經了解到如何利用四個問句來自問什麼是你此刻眞正的需要。

了解自己的需求是有捷徑的，而那個捷徑只不過是你可以試驗的方法。當你準備好時，它可以讓你如釋重負，就好像長途跋涉後終於回到家；如果你還沒準備好，請仁慈地對待自己，忠於你認爲自己會有的需求。當某個需求讓你覺得痛苦時，就利用轉念作業去質疑它；如果做完轉念作業，它看起來依然眞實，那就開口要求：「我需要你記住我的生日，並且打電話給我。請把這件事記在你的記事本裡。」這就是在那個當下誠實地過日子。

捷徑是讓現實來引導你的需要：「我所需的，就是我所有的。」這不是什麼信念。無論你信不信，此刻的現實就是這樣。這是怎麼回事？

你怎麼知道你不需要他人？因爲他們不在你的生活裡。你怎麼知道你的確需要他們？因爲他們在你的生活裡。你控制不了你在乎的人的去留，你能做的，是無論他們來也好、去也罷，你都擁有一個美好的人生。你可以邀請他們，而他們可能會來，也可能不來，但無論結果如何，那都是你需要的。現實就是其證明。

你怎麼知道你不需要站起來？因爲你正坐著。這樣的生活方式讓人生變得簡單多了。你怎麼知道你需要做某件事？因爲你做了。當你沒在做某事、卻認爲你必須做，那就是個謊言。那謊言讓你很不舒服，心中充滿羞愧、內疚和挫折感。比方說，你躺在床上，用「我該起床了」這個念頭責備自己，結果你沒有起來。事實上，在你起床之前，你不需要起來。

你是否曾試著用「我需要做某事」的想法來激勵自己，結果卻什麼也沒做？假如你有過這樣的經驗，那會是個很有趣的發現。「我需要做」只是個念頭，試試讓自己體驗一下它的反轉版本：「我不需要做」，並注意到**你唯一需要做某事的時刻，就是你去做的時候**。這是個很好的實驗，你可以從小地方開始，例如平靜地躺在床上，不受自身念頭的干擾，直到你注意到你正在起床。

你認爲你需要做決定？不，你不需要。在決定被做出來之前，你不需要做決定；而做出決定之後，也許你會注意到，其實你並沒有做決定，它是自己做出來的——就在你擁有一切必要資訊的那一刻（你怎麼知道你已經有了你所需的資訊？因爲那個決定已經自己做出來了）。

捷徑讓你需要、讓你愛你眼前正在發生的一切，而你眼前的一切不斷擴展，直到「豐富」這個詞遠遠不足以形容。

“我愛事物的本來面目，不是因為我有靈性，而是因為當我和現實爭辯時，會覺得痛苦。世上沒有任何想法可以改變現實，它是什麼就是什麼。我所需的一切現在已經在這裡了，而我怎麼知道我不需要我認為自己需要的事物？因為我沒有那些東西。所以，我的需求總是獲得滿足。”

完美的聖誕晚餐

下面這個例子說明了「你擁有的就是你需要的」。

我們一家人正在加勒比海過聖誕節，那是大家心目中完美的度假勝地，每件事似乎都應該讓我們擁有美好的時光。聖誕節當天，我們全家出動去找晚上用餐的地方。我丈夫試著找到他的高爾夫球友開的高級餐廳，我則在找有聖誕氣息的東西。那我們的兒子呢？他在找任何好玩的事物。天色漸漸變暗，我們一家人還在科蘇梅爾島上安靜得有些怪異的街上遊蕩。我催兒子走快一點，因為他老是停下來數商店櫥窗裡的藍色和紫色聖誕燈泡到底有幾個。我丈夫則帶著我們一直繞圈，試著找到他朋友的餐廳。他們兩個都讓我覺得很煩，完全失去找個地方好好過聖誕節的希望。

我們都沒找到自己想要的，一家人又餓又氣地走進路邊某家披薩店。坐在一張髒桌子前面的塑膠椅上，我覺得失望極了。我們一家三口就這樣等著披薩上桌，茫然地盯著電視看，裡頭正大聲播送著墨西哥版的MTV台。

我坐在那兒，心想：「這不是我需要的聖誕晚餐。」與此同時，我丈夫和兒子對於用西班牙語故意亂唱流行歌曲的節目產生了興趣，開始大笑起來。看著他們父子倆的蠢樣，我也受到影響，心情開始變輕鬆。然後熱呼呼的披薩上桌了，味道很棒。我無法再堅持原先的想法，心裡想著：「這正是我需要的聖誕晚餐。」我了解到，沒有什麼比這頓晚餐更讓我快樂的了。

現在這一刻，我在管誰的事？

試圖管別人的事會讓你困惑又痛苦，尤其你想插手的是你所愛的人的事情時。通常，你並沒有意識到你正在這樣做。每當你試圖猜測他人的想法或感覺，每當你認爲自己知道對他們來說什麼是好、什麼是不好時，你就離開了自己的事，介入他人的事。

例如，你的另一半看起來很不高興，而且似乎在躲你。他匆匆結束你們的談話，還大聲罵你；當你問他怎麼回事時，他說他不想談，需要獨處一會兒。在心理上介入他的事，意味著你擔心他在想些什麼。你能知道他的想法或感覺嗎？不能。而當你認爲你可以時，有什麼反應？你會對這個狀況下結論：「他在生我的氣。」「他並不是眞的愛我。」「我一定是哪裡做錯了。」

當你用這些跟他有關的念頭嚇自己時，如何對待自己？你把你自己的生活先擱在一邊。假如他在那裡過他的生活，你也在那裡過他的生活（心理上），那麼這裡就沒有人跟你在一起了。你忽視自己，把你喜歡做的事放在一邊；你讓自己感受到分離與孤獨，然後認爲這是他造成的。

只要相信任何一個你對他的看法，你可能就會在行動中表現出來，然後你或許會發現自己正在要求他給個解釋。儘管他已經明確表示想獨處，但對你來說，證實你的看法更加重要。

你爲什麼會那樣想?因爲你一直很痛苦,心裡很困惑,困惑到認爲他就是讓你痛苦的原因,所以你覺得自己有權要求他給個解釋——現在你是眞正在管他的事了,而不是只在心理上插手。他對你的干涉非常生氣,拒絕跟你說話——在你心裡,這正好印證了你的懷疑。這就是干涉他人的酷刑室。一旦你察覺到自己在管他的事和別人的事,也許就會發現你大部分的時間都活在那個酷刑室裡。

那麼,操心自己的事是什麼意思?在這個例子裡,你會問自己:「如果沒有『我可以知道或需要知道他的想法』這個念頭,我會怎樣?」這會讓你去過自己的生活,也讓他過他的,並且讓你了解自己的生活是什麼樣子——也許是這輩子第一次知道。

你能爲自己和他人做的一件最充滿愛的事,便是問自己:「現在這一刻,我在管誰的事?」比方說,「他爲何煩惱是誰的事?」答案顯然是「他的事」。「我感受到什麼、我是否覺得被愛是誰的事?」很明顯地,那是我的事。

最深、最全然的愛,是和某人在一起,卻不在心理上干涉對方的事。他應該做什麼、他應該有什麼感覺、他應該愛誰、他應該如何看你——這一切都是他的事,不是你的。一旦了解這一點,當有人默默或大聲地對你說「少管閒事」或「走開」時,你可以把這樣的話視爲善意的忠告、視爲愛。

你眞的想進入他人產生感覺的內在空間嗎?你眞的想控制他的頭腦、想硬闖進去,把**你**

希望他有的想法和感覺塞給他？這有可能嗎？**當你擔心你的伴侶怎麼看你時，你就該進入自己的內在空間，檢查你的思想了。**

即使你和另一半有親密的身體接觸，你們仍然活在不同的世界，而那裡頭有一種非凡的美——對方身上那種未知卻熟悉的美。當你不再相信你對你伴侶的看法，你便回到自己的生命實相裡。從這個堅實的立足之地，你會深深地欣賞他，卻沒有半點想要進入他的私密空間——他的感受生成之處——的衝動，開始全心全意、不求任何回報地愛他。當你放棄干涉，不再試圖影響並控制他時，你會遇見一個美好得遠超出你所能想像的人。

第九章　一段婚姻的轉變

本章要告訴你一對夫妻的真實故事。他們透過轉念作業，挽救了瀕臨破裂的婚姻。

如果婚姻中的雙方都做了轉念作業，會對兩人的關係產生奇蹟般的影響。這樣的交流讓每件事都攤開來，不留任何祕密。事實上，不必兩個人都做，只要其中一方針對伴侶進行轉念作業，他們的婚姻就會徹底改變；不過如果雙方都參與的話，將對婚姻產生兩倍以上的影響。

拯救婚姻的轉念作業

這裡有個例子。夫妻兩人都針對另一半填寫了「批評鄰人的轉念作業單」（本書第307頁），然後輪流把自己寫的內容大聲唸給對方聽：「我很氣你，約翰，因爲你沒把垃圾拿出去丟，讓廚房裡全是昨晚剩菜剩飯的味道。約翰，我要你說話算話；約翰，你應該爲我著想，應該考慮到我有孕在身，會害喜；約翰，你不應該這麼自私地把時間都花在自己身上；約翰，我想讓你也懷孕一陣子，這樣你就知道一大早聞到前一晚的食物味道而噁心嘔吐是什麼滋味了；約翰，你不關心他人、心不在焉、自我中心、無情，但此刻你看起來很可愛。」

妻子在唸這些東西時，約翰要做的就是看著她的眼睛仔細聆聽，不辯解、不打斷她，也不找藉口，然後看看自己能否發現她說對的地方。當妻子唸完她所寫的內容，而約翰也聽進去之後，他看著妻子的眼睛，簡單地說聲「謝謝」，然後兩人互換角色，讓約翰把他寫下的內容唸給她聽。如果雙方都真心想要聽到對方的想法和感覺，即使沒有去審視寫在轉念作業單上的念頭，這種交流也具備很強大的療癒效果。他們不一定要做轉念作業，只要敞開心去聆聽對方就行了。

當然，如果他們彼此協助，繼續做轉念作業，這個體驗會更強而有力。他們在對方身上看到的那些表面上的缺點，或是令自己討厭的地方，畢竟讓雙方都覺得非常痛苦，因此當那些充滿壓力的念頭被質疑且反轉之後，不但妻子可以從中獲得好處，作丈夫的也受益匪淺，而且所有的祕密都被攤開來了。他們不必再假想任何事，就算做出假設，也是有益於對方。這些假設不僅有用，也讓人感受到寬容與愛。在這樣的家庭裡，衝突不復存在，夫妻雙方時時刻刻都可以愛事物的本來面目。畢竟，愛就是力量。

在現實當中，如果夫妻雙方把轉念作業帶入他們的生活，會發生什麼事？在這一章裡，你將見證一段陷入困境的婚姻如何藉由一步一步進行轉念作業，而到達一種簡單的愛。接下來這個故事的主人是一對住在布拉格的年輕夫妻，他們兩人都運用轉念作業來質疑自身想法，而且不僅自己一個人做，也協助對方進行。以下是妻子的敘述。

一年前，我的婚姻陷入混亂，夫妻分開的時間越來越多，因為我們經常吵架——幾乎所有談話都可能變成一場爭吵。那時的我，每天都生活在痛苦和失望之中。雖然現在我可以寫下我的痛苦，但只能根據記憶來敘述，因為自從發現轉念作業之後，我和丈夫之間再也沒有發生過讓人痛苦的爭吵。這是不是很有趣？事情轉變得如此之快，讓我們兩個都感到十分震驚。我想，如果要解釋這一切是怎麼發生的，最好是說說我們的故事，讓大家看看我做的一些轉念作業，以及它是如何改變一切的。

一直以來，我的需求帶給我許多痛苦，於是我針對「我需要我丈夫的愛」那個念頭進行轉念作業。但我那時並未試著審視那個想法是否為真——那讓人卻步，所以我跳過前兩個問句，直接進入後面兩個關於後果的問題。

「我需要我丈夫的愛」——當我相信那個念頭時，有何反應？嗯，如果我那樣想，而我丈夫也對我微笑，就一點問題也沒有。但假如我覺得我需要他的愛，他卻沒時間陪我——例如他正在忙、壓力太大或出差去了——我就會覺得空虛，而且胃會縮成一團；接下來，我會打電話給他，如果找不到他，我就會開始胡思亂想：「為什麼我找不到他？他出了什麼事嗎？他有沒有對我說實話？」和這些擔憂摻雜在一起的，還有我對他的批判：「他不夠細心，他應該記得打個電話給我的。」要是一小時後依然沒有他的消息，我就會恐慌，心想：「我嫁錯人了，他一點都不在乎我。在我需要他的時候，他從來沒給我打過電話。」

那天晚上他回電給我時，我就像律師對付有敵意的證人一樣盤問他。其實我只是在等他對我說「我愛你」，但我不告訴他；如果他沒說這三個字，我就會說我受夠了他古怪無情的行為，事情不能再這樣繼續下去了。掛上電話後，我很傷心，生他的氣，也生我自己的氣。我覺得頭很痛，然後又開始抽菸；我不去睡覺，而是在腦子裡重溫他剛才對我說的一切，逐一對照我知道的其他事情，看看有什麼不一致的地方。到了第二天早上，我又必須打電話給他了。

在我認為我需要我丈夫的愛時，如果他在家，但心情不好，或者正在忙其他事，那我會先試著取悅他，然後逗他說話，儘管他已經說過他很忙。如果那樣做沒有用，我會很失望，然後打斷他正在做的事，告訴他：「即使在家，你還是很忙，但我們需要更多時間來改善我們的關係。」我會讓他記起過去他傷害我的那些時刻。

後來情況糟到我不跟他說話，也不跟他同房，他一回家我就出門；我們不再一起做飯、一起用餐；我什麼家務事都不做，也不再幫他洗衣服，還「忘記」轉告有人來電找他。整件事讓人覺得十分難過和孤獨，我心想：「我會像我母親一樣孤獨一生。當初真不該嫁給他，我們就快離婚了。我應該選擇另一個想和我結婚的男人才對。」我在每件小事上都對我丈夫吹毛求疵，有時候，我對他的操控過分到連我自己都覺得噁心。當我還是個孩子時，耍點小手段可以讓別人對我好，所以我也想在我丈夫身上試一試。我事事都要證明我是對的，把自己搞得筋疲力盡，但我還是不斷擴大我們之間的爭吵。

因為我堅信「我需要我丈夫的愛，沒有他的愛，我就活不下去」，於是我的嫉妒成了我們婚姻中的一大問題。我很少和我丈夫一起出去，因為每當他和別的女人談笑風生時——即使那和性無關，只是聊聊天，偶爾擁抱一下罷了——我都會覺得非常不開心。如果我冒險和他一起去參加派對，回家後兩人就會大吵一架。到最後，我們的爭執會持續好幾天，而且兩個人都把這些爭吵看得很嚴重，好像非得拚個你死我活不行。

就像我前面說的，我是根據記憶填寫轉念作業單。當我問自己：「我相信『我需要我丈夫的愛』這個念頭時，有什麼反應？」我看到的就是我寫下來的這些東西。然後，轉念作業就像某種禮物一樣到來，讓我的婚姻完全改變。還有一件事：我運氣很好，因為我丈夫和我一起開始練習做轉念作業。雖然我們從一開始就認同轉念作業，但是對於我們的婚姻居然可以變得如此美好，我們還是覺得很訝異。我們了解那是如何發生的，不過有時候，我們仍然很驚訝它發生了。

當我們因為嫉妒而引發的爭吵到了白熱化的地步時，我開始嚴肅地質疑自己的想法，自問：「這是真的嗎？」首先，我開始探究當我看到他對著一位美女微笑或跟她說話時，會發生什麼事。我以為我知道他的行為意味著什麼，然而透過轉念作業，第一個讓我感到意外的發現是：我無法確定我的想法是真的。以下就是我在那些情況下會有的念頭：

「他會離開我。」

「他會愛上她。」

「她比我更可愛、更聰明、更年輕、更美麗。」

「他對我不感興趣。」

「他忘了我的存在。」

「我年紀大了，不討人喜歡了。」

「他正在所有人面前羞辱我。」

「他一點都不為別人著想，半點忠誠度都沒有。他又在對我說謊了。」

「我這輩子挑男人的眼光真差。」

「我的婚姻是場鬧劇。」

「我居然可以容忍這件事，簡直是個傻瓜。」

「愛情總是帶來悲傷。」

我發現，這些令人痛苦不堪的念頭是**我**用來折磨自己的方法，而不是他的（過去我一直以為他是這樣折磨我的）。領悟到這一點，使我目瞪口呆，因為我一直把這些念頭當作不爭的事實。這些年來，我怎麼能錯得這麼離譜？而他居然還守在我身邊！如果過去我對他的看法是真的，他怎麼可能還沒離開我？這是一個全然不同的觀點。

從那之後，我又開始跟他一起出門。我審視了「我再也不想看到他和別的女人玩得很開心」這樣的念頭，然後把它反轉過來，變成「我期待看到他和別的女人玩得很開心」。下一次又發生那種事，我的感覺完全不同了。當他開始和某個女人聊天時，我就走過去加入他們的談話，聊得很開心。從前面臨那種狀況時，我通常會離開，然後一直認為我會感到孤獨是因為**他**離開了**我**。

當然，轉念作業並不是一次就解決所有問題。有時在派對上，如果我發現過去那些感覺又出現了，我就會走進洗手間，拿出筆記本，然後在那裡寫下我的念頭，並針對它們做轉念作業。當我回到我自己的事——也就是去察看**我的**念頭，而不是他的——我的感覺立刻就會好很多。有時他會來找我，結果發現我正因回答某個問題而笑翻了，比方說：「『他會為了那個剛認識的女人離開我』——這是真的嗎？」過去那些讓我覺得十分憤怒和悲傷的瘋狂信念，突然間變成我可以一笑置之的笑話。

同樣的情況也發生在我丈夫不在家，而我連繫不上他的時候。我又開始覺得自己很需要他，然後就會去審視我的想法：「『他出事了、他受傷了、他會死』『我再也見不到他了』『我的人生完蛋了』——我能百分之百肯定這是真的嗎？」光是這樣就足以讓我平靜下來。當我問自己這些問題時，念頭瓦解了，某些信念甚至在我還沒意識到的時候就消失了。我只注意到，當我們處於過去會引發無止境問題的情境時，那些舊有的感覺並沒有浮現。有些念頭需要多探究幾次，因為會出現新的「變種」，例如，「我不夠好」「愛情總是帶來痛苦」「別人應該了解我」「人應該遵守承諾」「我的樣子不討人喜歡」「每一秒鐘的快樂都是要付出代價的」——這類信念現在看起來真荒謬。

如今，我們做轉念作業已經做了一年，我們的婚姻完全變了個樣，兩個人都能夠平靜地欣賞對方。如果我們之間出現問題，就會到不同的房間裡寫下自己的想法，然後協助對方進行轉念作業。這個過程真有意思！那些過去在我們之間製造危機，讓我們痛苦到想分手的念頭，如今只要透過半小時的轉念作業，就會像夏日天空的雲彩一樣，消散得無影無蹤。每審視一個誤解，每質疑一個強加在對方身上的信念，我們的愛就隨之增長。事實上，我們還很期待那些不好的感覺呢！如今它們在我們的婚姻裡已經不多見了。藉由轉念作業，我們發現這些故事只是要告訴我們在哪裡偏離了愛與理解之路。

現在我知道自己並非受害者。「我需要我丈夫的愛」——這是真的嗎？那怎麼可能？我才是唯一要對我的人生、健康、感受和快樂負責的人。當我的需求漸漸消失時，剩下的只有愛。對我而言，轉念作業不只是工具，還是一條通往喜悅和理解的路。

”寬恕就是發現你以為發生了的事情並未發生——從來就沒有任何事需要被寬恕。即使是那些似乎最可怕的事情，一旦你開始質疑，它們也會變得不再可怕。事實上，除了你那些未經質疑的念頭之外，也沒有什麼可怕的事。所以，每當你覺得痛苦時，就去做轉念作業，審視你正在想的念頭，讓自己自由。成為一個什麼都不知道的孩子吧！然後帶著無知，一路奔向你的自由。“

第十章　你不愛的，有沒有可能是你自己？

你和愛之間唯一的障礙，是你內在那些尚未解決的問題。這一章會幫助你發現問題，並告訴你如何從那些讓你最感羞恥、讓你無法原諒、讓你依然怨恨、讓你想要隱藏的事情，以及任何你無法欣然接受的批評中解脫出來。

試圖贏得自己的愛，和尋求他人的愛一樣痛苦，其結果也同樣令人無法滿足。而停止追尋的方法是相同的——當你眞誠地去質疑那些跟你有關、未經檢驗的想法時，愛就發生了。

在每一個針對痛苦關係所做的轉念作業裡——無論是跟你的伴侶、跟你母親，或是跟你同事之間的關係——你總會發現，**是你自己的想法造成了你的壓力，外面那個人不可能是你的問題**。當你反轉念頭時會了解到，某個痛苦想法的反面其實同樣爲眞，甚至更加眞實。有時候，你找到的反轉句可能是像這樣的句子：「我應該忠於我自己」「我應該了解我自己」，最後，「我應該愛我自己」。

對你來說，這也許不是什麼新聞，大多數人都曾經從朋友、家人或專欄作家那裡聽說過愛自己的道理。但你要如何愛自己？你似乎無法實踐你的反轉句，這個事實甚至可能變成另一種自我折磨。「我是怎麼了？我爲什麼不能愛自己？」你無法強迫事情進行，只能做轉念作業，然後找出什麼才是眞的。

如果你還沒化解那些讓你痛苦的念頭，儘可以去泡澡、點蠟燭、唸誦正向肯定句、想盡辦法寵愛自己；但只要你一離開浴缸，同樣的念頭又會回來纏住你。這就好像在策畫一項誘惑行動，只不過你想誘惑的對象是你自己。

這一章的內容跟誘惑和愚弄自己無關，相反地，這裡要討論的是如何不再愚弄自己。你已經知道妨礙你愛別人的唯一障礙，就是去相信自己的念頭，接下來你會發現，那也是你愛自己的唯一障礙。爲了找到那些對你而言可能並不眞實的信念，你必須問自己一些非常私人的問題——例如，讓你感到羞恥的是什麼？現在你還在怨恨誰（儘管你認爲你不該怨恨）？你還無法原諒自己的哪些地方？

這個轉念作業並非操控，它深入你的內在去找到對眞相的愛，並發現你自己的答案。如果你覺得愛自己很難，那麼你的轉念作業就沒有做完。

> “認為「我應該愛自己」的人，根本不知道什麼是愛。愛是我們的本質，當你在不愛自己的時候認為你應該愛自己，那純粹是妄想。此刻，「我不應該愛自己」這個反轉句是不是更真實？你怎麼知道你不應該愛自己？因為你的確不愛，這就是事實——至少就現在而言。事實不需要尊重靈性觀念。「我應該愛自己」——呃，是在哪個星球上？愛不是一種行為，你不必做任何事來表達愛。當你開始質疑自己的腦袋時，你會發現，只有你那些充滿壓力的念頭可以阻礙你去體驗愛。”

阻礙你愛自己的事

最讓你感到羞恥的事

想要發現愛自己的障礙，最好從最讓你感到羞恥的事情著手，這可能需要一些時間。我們對於那些羞恥的事嚴守保密原則，甚至竭力瞞著自己，在努力維持裝出來的自尊時，我們滿腦子卻是一些自己有多差勁、做的事情有多不可原諒的念頭。那些祕密迫切需要被審視，如果你正在隱藏，就無法自由。最後，那些讓我們覺得羞恥的事，成了我們所擁有、可以給出去的最佳禮物。

我們很尊重那些坦誠與人分享自己經歷了什麼樣的困難、又是如何走過來的人。當我們遇到那些以開放的心經歷巨大挑戰的人時，會被他們內在的眞實吸引，然後他們也幫助我們找到自己的眞相。

我想讓你知道，如實看清你到底經歷了些什麼是很安全的；如果你能發現那是你所擁有、可以傳給他人的美妙禮物，你將不再逃避。我也有過祕密，尤其是瞞著自己的祕密，而那些我在自己內在發現的東西，是我現在和大家分享的禮物。無論去哪裡，我都不再害怕會被發現些什麼，也可以和任何人在他們痛苦的信念中作伴，因爲我曾經深入我自己的痛苦信念中。

我質疑過那些信念，看著它們像夢一般地消失；我直視過信念這隻怪物的眼睛，看到的只是一個希望擁有我的愛的小孩。除了我自己的生命，還有什麼需要我珍惜的呢？很久很久以前，痛苦曾讓我瘋狂，如果我能做下面這個練習，你也可以。

【練習】找出最讓你感到羞恥的事

請慢慢進行以下這些步驟。要開始做這個練習或許很難，請記住，除了你自己，沒人有必要去看你寫下來的東西。這是給你的練習，所以請盡可能誠實、無懼。你即將步入另一層次的自由。

步驟一

用簡短的句子寫下「最讓我感到羞恥的是＿＿＿＿＿＿。」例如，「最讓我感到羞恥的是我拋棄了我的小孩。」

步驟二

這意味著什麼呢？請寫下你的想法。例如，「我拋棄了我的小孩，**這意味著**我是個很差勁的母親，他們永遠不會原諒我。如果別人知道我是這樣的人，會覺得我很恐怖，再也不想和我有什麼牽扯。而我的小孩也會成為和我一樣差勁的父母，我對他們的傷害永遠無法抹去。」列出你所有的想法。

步驟三

逐一審視你列出來的那些想法，進行轉念作業。比方說，如果你認為「我是個很差勁的母親」，請問問自己：「這是真的嗎？我能百分之百肯定這是真的嗎？當我相信這個念頭時，有何反應？如果沒有這個念頭，我會怎樣？」然後把它反轉過來。

一旦你針對第一個想法徹底進行轉念作業之後，就繼續往下做。「他們永遠不會原諒我」——這是真的嗎？就這樣逐一審視你列出來的所有想法。

向你自己要求你的真相。請把每個問題都當作深層的靜心，提問之後，就溫柔地等待內心的答案浮現。

別著急，即使你已經思考過這個想法無數次，也不要認為你已經知道答案了。多年以來你一直相信的答案，此刻對你來說或許並不真實，你今天找到的答案可能會讓你感到驚訝，甚至震驚。什麼對你來說才是真的？無論是什麼，都把它們找出來，即使你認為別人會因此譴責你。

就算你覺得那些反轉句似乎很難實踐，也請找出三個真實的例子——不管多麼微不足道——說明反轉過後的念頭跟你原來的陳述相比同樣為真或更加真實。例如，「我**不是**個很差勁的母親，因為孩子生病時，我會照顧他們；我確保他們不會挨餓；我會記住他們的生日。」

當你質疑你最黑暗的祕密，並將它反轉後，你會發現，你原本以為它所代表的意義並不一定是真的。這趟旅程允許頭腦給你其他的真相——那些顯現出你的美好、你的良善的真相。你不須向自己隱瞞任何事物，讓你自由的，就是真相。

【練習】「我不想讓你知道的我」

大部分人心裡都有一張很長的清單，裡頭列出我們不想讓人知道的所有事情。如果你去質疑那些想法，會發生什麼事？

步驟一

列出你覺得不想讓某人（例如妻子、母親、子女），甚至全人類知道的事。

以下是一位女士列出的清單。

我不想讓你知道的是：我的真實年齡是四十五歲；我的實際體重是七十三公斤；我墮過兩次胎；當我說我關心你時，是在說謊；我其實是為了安全感才嫁給你的；我有過三段你不知道的婚外情；我從未衷心地愛著你；我幾乎一直都在假裝達到性高潮；我沒有誠實繳稅；我不覺得樹好看，當大家都說樹木很美的時候，我變得很焦慮；我通常誰都不喜歡，卻假裝喜歡，因為我認為如果我誠實以對，別人會覺得我很可惡；在你不注意的時候，我偷吃餅乾，卻騙你說我沒吃；我把食物藏起來，不讓你知道；有時吃過大餐後，我會去催吐；我開車的速度太快；我認為這個國家的投票制度是在浪費時間；我認為無論哪個黨派選贏，都是有錢人和大公司在控制一切。

步驟二

反轉念頭——把你所寫的再唸一遍，但句子的開頭變成「我**想**讓你知道的是……」（你不必把自己寫的內容唸給你想到的那個人聽，不過要自己去體驗，看看反轉過後的念頭是否和你原來寫的同樣真實，或者更加真實。如果可能的話，把你的清單大聲唸給某人聽，不為自己辯護，也不找藉口）。

以下是剛剛那位女士所寫的。

我想讓你知道的是：我的真實年齡是四十五歲；我的實際體重是七十三公斤；我墮過兩次胎；當我說我關心你時，是在說謊；我其實是為了安全感才嫁給你的；我有過三段你不知道的婚外情；我從未衷心地愛著你；我幾乎一直都在假裝達到性高潮；我沒有誠實繳稅；我不覺得樹好看，當大家都說樹木很美的時候，我變得很焦慮；我通常誰都不喜歡，卻假裝喜歡，因為我認為如果我誠實以對，別人會覺得我很可惡；在你不注意的時候，我偷吃餅乾，卻騙你說我沒吃；我把食物藏起來，不讓你知道；有時吃過大餐後，我會去催吐；我開車的速度太快；我認為這個國家的投票制度是在浪費時間；我認為無論哪個黨派選贏，都是有錢人和大公司在控制一切。

”我就是現實，意思就是，我是做我這個人的完美選擇，除了我，沒有任何人可以成為我。想要做我，就必須是這個身高，分毫不差，而且必須是六十二歲；我必須是我現在的體重、我目前的性別；我的手指必須剛好像現在這樣放在電腦鍵盤上——我注意到這些就是成為我的必要條件。當透過不與事實爭辯的眼光看待一切時，這個世界是由純然的喜悅與美構成的織錦。而在這個完美的世界上，不存在任何錯誤。

成為我有兩種作風：一種是不喜歡做我自己，另一種是喜歡做我自己。既然我只能是我，別無選擇，那麼我會選擇哪一種？OK，我會做我自己，然後去質疑我對自己的看法，直到我認為我在各方面都是完美的，甚至比完美更完美。這個世界總得有人是快樂的，很高興那個人是我，我絕對願意當志願者。"

【練習】寫一封道歉信給傷害過你的人

如果不寬恕別人，就無法原諒自己。在它成為顯而易見的事實之前，你或許不是那麼容易察覺到這一點。請試試接下來這個練習。

步驟一

想出一個曾經深深傷害過你的人，然後寫一封信給他，在信裡描述下面這些事情（這封信不要寫給自己）：

想出三件**你**做過的、傷害他的事，向他道歉，並問他你能做些什麼來彌補過錯。接著請告訴他三件他對你做過、讓你心懷感激的事，向他表達你的感謝之意。最後以「我愛你」結尾──如果你覺得這個表達方式適合你的話──並簽上你的名字。

下面是莎拉寫的信，她參加過我的兩天密集課程。莎拉的三個孩子在她離婚後曾經拒絕跟她扯上任何關係，時間長達五年。那五年是她生命中最痛苦的一段時光。

我最親愛的東尼、唐娜和戴爾：

在我離婚後那可怕的幾年間，我用那種方式跟你們談論你們的父親，讓我覺得很抱歉；你們因為說他的好話而被我懲罰，真是對不起。我本來可以從你們身上學到許多東西的。我為我心胸狹隘、為我沒有聽你們說話、為我對你們如此嚴厲而道歉；我在你們面前和你們的父親激烈爭吵，並且在你們哭著求我別吵了的時候大聲斥責，我真的覺得很抱歉。請告訴我，現在我能為你們做些什麼來彌補我的過錯呢？我願意去做我能做的一切。

我從你們每個人身上學到什麼叫作無條件的愛。無論我如何無情地對待你們，你們仍然愛我、照顧我、關心我，總是用開放的心來迎接我。看著你們在自己和各自的子女面前表現出好父母、好姑姑和好叔叔的樣子，我學會了和孫子、孫女相處最親密的方法。你們教會我溫柔和勇氣，總是鼓勵我去做我想做的事，並且一路支持我。謝謝你們，我的孩子。因為你們，我才能以超乎自己所能想像的程度去愛。我是那麼愛你們、愛其他的人，包括你們的父親。我滿心感激。

我愛你們。

媽媽

步驟二

你不必寄出這封信。有些人比較喜歡面對面表達自己的感覺，不照著信唸，而是直接告訴對方自己的發現；另一些人則喜歡先徵求對方的同意，然後完全按照信的內容來唸，並且不帶防衛心態地傾聽對方的反應；還有一些人既沒有寄信，也沒有彌補。無論你做什麼或不做什麼，你都可以在有生之年的任何時候做決定。

當你準備好了，我建議你盡快行動。當你知道無論對方的反應如何，為了你自己，你都想這樣做的時候，就去做吧。當你這樣做時，你知道對方的反應不關你的事。這封信是和你的人生有關，而不是別人的；你在清理的是你的生活，而你不可能忙到沒時間來做這件事。

步驟三

現在反轉那封信的內容，就好像你是寫給自己的。也許你已經嘗過原諒他人後的輕鬆——可以去愛一個你曾經視為敵人的人，是一種多麼美好的感覺——而把這封信反轉過來，也是為了發現和原諒你自己。當你把自己寫的內容反轉過來時，請耐心一點，去找出那個無辜、珍貴、被誤解了的自己。溫柔地跳過反轉句行不通的地方，然後看看行得通的地方又在哪裡。讓自己好好吸收、體會這封信的內容，看看你寫的有多真實。

莎拉把她寫給孩子的信反轉過來，裡面的「你」指的是莎拉自己。

我最親愛的自己：

在我離婚後那可怕的幾年間，我用那種方式跟你談論你丈夫，讓我覺得很抱歉；你因為想起他的好而被我懲罰，真是對不起。我本來可以從你身上學到許多東西的。我為我心胸狹隘、為我沒有聽你說話、為我對你如此嚴厲而道歉；我在你面前和你丈夫激烈爭吵，並且在你哭著求你自己別吵了的時候大聲斥責你，我真的覺得很抱歉。你從你自己身上學到什麼叫作無條件的愛。無論你如何無情地對待你自己，你仍然愛你、照顧你、關心你，總是用開放的心來迎接你。看著你在子女面前表現出好父母的樣子，我學會了和孫子、孫女相處最親密的方法。你教會我溫柔和勇氣，總是鼓勵你自己去做你想做的事，並且一路支持你自己。謝謝你，我親愛的自己。因為你，你才能以超乎你所能想像的程度去愛。你是那麼愛你自己、愛其他人，包括你的丈夫。我滿心感激。

我愛你。

莎拉

“你覺得他們認為你有問題，而你之所以覺得別人認為你有問題，是因為你這樣想。所以，藉由爭取他們的認可，你一直試圖阻止他們去想你正在想的事，而最糟糕的結局就是他們跟你一樣！去想你已經在想的事情是他們的事，除非你開始質疑自己的想法；而當你開始質疑你的想法時，真相會讓你忍俊不禁，結果你一笑，他們就跟著笑了。每個人都一直在做自己的事，這就是為何了解你的思維系統如此有趣。”

和批評做朋友

如果你眞的想要自由，別人的批評會是一份禮物。**如果你因爲被批評而難過，感受到任何一丁點想要爲自己辯護的衝動，那就表示你不接受、不愛自己的某些地方，而這些正是你**

想隱藏起來的部分。你想被愛、被了解，但不包括那些部分的你。然而我們已經了解到，隱藏會創造出分離——和你自己，也和其他人分離。

別人對你最糟糕的看法是什麼？說你有攻擊性？有時你是否真是那個樣子？嗯，那麼他們的確沒說錯！因此，所謂最糟糕的事，只不過是他們告訴你眞相。這不是你想要的嗎？當有人說「你很有攻擊性」時，你可以回答：「你知道嗎？我也這樣覺得。」然後一片和睦。或者你可以說：「不，我沒有攻擊性，你才有呢！」嗯，你知道接下來會發生什麼事。

無論別人怎麼說你或對你說了些什麼，如果你因此感受到壓力，那麼此刻正在受苦的人是你。**壓力是個訊號，表示你該質疑自己的想法了**。一旦你了解如何聽取他人的批評，並體驗到其中的價值，也許你會想把接下來這個練習當作給自己的禮物。

【練習】面對批評

步驟一

當有人批評你，說你錯了、不友善、腦筋不清楚、心不在焉時，請深入感受，問自己：「這是真的嗎？他會不會是對的？我能了解別人為什麼會這樣看我嗎？」然後等待答案出現，看看你能不能如此回答：「謝謝你告訴我這些事，你可能是對的。」（你可以在心裡默默對他說，或者真的說出口。）以這種方式回應的感覺如何？

步驟二

聽到批評後，問問自己：「這樣的評語會不會讓我充滿壓力？」答案如果是肯定的，就表示這個批評對你來說是事實，而你還沒有處理它，或是尚未深入內在去理解你自己的痛苦。當你去質疑那些讓你採取防衛姿態的想法時，看看會發生些什麼。

例如，當你的朋友對你說「你沒在聽我說話」時，你可能會有受傷的感覺，而傷到你的念頭可能是「他對我的看法是錯的」。他真的錯了嗎？（他是在告訴你他的想法，所以他那樣說一定是對的。）現在請質疑那個念頭。

「他對我的看法是錯的」——這是真的嗎？不，這不是真的。事實上，我有時的確沒在聽他說話。

當我認為他對我的看法錯誤時，有何反應？我立刻變得很不高興，覺得被冤枉了，然後開始為自己辯護，並且在心裡攻擊他。我替自己感到委屈，不再傾聽。

如果沒有「他對我的看法是錯的」這個念頭，我會怎樣？也許我會更仔細地聽他說話，敞開心胸接受他的批評，然後更深入地檢視自己。

將這個念頭反轉過來，變成：「當我認為他對我的看法錯誤時，我對他的看法也是錯的。」

當你不再把自己的精力用來尋求別人的認可時，就能張開雙臂擁抱批評，並且把批評當成禮物，而非你要反駁或爲自己辯護的事。坦誠而不設防的態度，會終結你認爲自己在各方面都受人操縱、被人揭發的幻覺。當你眞正謙卑時，沒有任何批評會傷到你；從你自身的經驗看來，批評對你而言顯然只有好處。清明就是這樣出現在生命中，成爲實際的行動，它讓你對別人和自己都充滿了仁慈。

”

防禦是戰爭的開始。如果你說我卑鄙、拒人於千里之外、強硬、無情、不公平，我會說：「謝謝你，親愛的。我可以在自己身上找到你說的一切，而且還不只那些。請告訴我你在我身上看到的所有特質，我們可以一起幫助我了解。透過你，我得以認識我自己；沒有你，我怎能察覺我身上那些無情和看不見的地方呢？你把我帶回我自己身邊，所以，親愛的，請看著我的眼睛，再對我說一遍你在我身上看到的一切吧。」朋友就是這樣相識的，這叫作正直。我是所有的一切，如果你認為我無情，對我來說這是一個深入內在去檢視生命的機會。我是否曾經對人很無情？是的，我的確有過無情的時候。我是否曾經表現得不公平？我不必花多少時間就能承認這件事。如果我對這些還有懷疑，我的孩子們可以幫我確定。別人對我的看法，我都能在我生命中找到與之呼應的那一刻。如果你說的某件事讓我產生想要為自己辯護的衝動，那件事就是藏在我之內的珍珠，正等著我去發現。”

第十一章　轉念作業爲生命帶來改變的故事

無所求的愛是什麼樣子？當愛無關乎尋求、想要和需要時，你會如何去愛？這一章摘錄了許多人的故事，他們要與你分享轉念作業為他們的生命帶來的改變。

當你開始發現眞正的愛，過去你爲了獲取你以爲的愛，而用來操控他人的那些手段，突然變得很清楚、很明顯。或許你以爲這會讓你難堪，事實上，它往往很好笑，然後你發現你很容易原諒自己人性的一面。你了解到，過去你用來尋求認可的方法，不過是一些現在已經被澄清的誤解。爲此，你心懷感激。

我發了一封電子郵件，詢問大家運用轉念作業的效果。結果，回覆不斷湧入，總共有五百封。在讀那些回信時，我被人們各式各樣的痛苦經歷觸動，而他們從自以爲是事實的夢境中醒來、看到眞相之後的那份欣喜，也深深打動了我。轉念作業就像個神奇王國，人們在經過不可思議的漫長跋涉之後，能夠回到這個國度圍著爐火而坐，訴說自己戰勝危機的精采故事，和老朋友一起開懷大笑。當你不再相信那些令你充滿壓力的念頭時，剩下的只有愛與歡笑。

這一章要跟大家分享的，只是眾多回應裡的幾個故事。

不許親吻

我苦苦追求麗娜四年不果。在那四年裡，我為她修電腦，陪她吃她喜歡的洋蔥圈，絞盡腦汁找出最好笑的話來逗她開心，還不能表露出我對她的渴望。結果我做的這些一點用都沒有。

後來，我好不容易有了一個和她共度週末的機會，但她十分明確地告訴我，不許跟她有任何親密行為。我不能牽她的手、不能擁抱她、不能吻她的臉，什麼都不可以，所以每當出現表達感情的衝動時，我都必須忍住，但這反而讓我注意到自己內心的想法。我很驚訝地發現，那些親暱行為不過是我用來讓女人喜歡我的技巧！整個週末，我非但不覺得我在壓抑自己，反而注意到，那些簡單的肉體接觸其實驅散了我感受到的愛、愉悅和迷人的感覺。沒有了慣常的發洩途徑，那些感覺不斷在我的身體裡奔流。當這個完全柏拉圖式的週末結束時，我感受到前所未有的快樂，心中充滿了愛！

我停止尋求她的愛的那個關鍵時刻，是個巨大的解脫——這樣說一點都不誇張。我整個身體都放鬆了，再也無法讓自己相信我需要她或任何人的愛情來使我快樂。我失去了在自身之外尋求愛與幸福的渴望，停止在那些不存在、也不可能存在著快樂的地方找尋快樂。我就是不再做我這輩子一直在做的那些事。結果，我生平第一次體會到穩定、真誠與完整。

我停止尋求她的愛，為自己千方百計想讓她認同我們應該是一對而向她道歉。我驚訝地發現，我真的完全失去了想要和她發展穩定關係的渴望，對自己愛上一個不想跟我談戀愛的女人感到滿足。嗯，這個故事最諷刺的部分是，就在我停止尋求她的愛與認可、無法再找到一個和她（或任何人）在一起的**理由**那一刻，她看著我，心想：「和史帝夫在一起，我可以找到我一直都想要的那種自由。噢，他真可愛！」於是她靠過來，吻了我。

現在，四年過去了，我們也已經結婚一年多。而我們實際上的關係，比我那些年所想像的要好很多。

用做飯來換取愛

我曾經認為替別人做飯就是給他們愛，而他們也應該用愛來回報我。當我意識到我在那麼做時，大感震驚，不知道該拿自己怎麼辦。假如我無法替別人做飯，那我有什麼東西可以給他們呢？

當我漸漸明白我是個奴隸，一輩子都在取悅他人時，感到非常震驚、困惑和沮喪。我覺得自己好像失去了什麼非常珍貴的東西，因此常常哭泣。這個女孩、這個我是誰？她到底想要什麼？我發現自己對此一無所知。

我知道，為了感受到他人的愛，我必須先愛自己，但我要如何做到呢？我不斷質疑並反轉出現在我腦子裡的念頭，而越是探究，我對贏得他人的認可就越來越沒興趣。我了解到，獲得我自己的認可才是重要的。

現在我為別人做飯時，真心地想知道他們是否喜歡我的料理，但我並不指望他們的認可。我不再屏氣凝神等著看他們是否滿意，即使他們不喜歡，我也不會崩潰。如果有人批評我做的菜，我不會覺得受傷，也不會抗拒或不理會他們的意見，而是會認真考慮他們可能是對的，結果他們的意見常常對我很有幫助。如果一頓飯做得還可以，但沒有我想像得好，我既不緊張，也不會覺得抱歉，而是照常上菜，享受和大家一起用餐的樂趣。過去我根本不可能做到，這為我帶來了平靜和空間，讓我有能力接受發生的任何事。

只管說出自己的想法

過去，我活著只是為了討好他人；現在，我做我真正想做、而不是我認為我應該做的事。例如，我讓一個教會的教友在找到住處之前，暫時住在我家。有天晚上，我發現她喝醉睡著了，但烤箱裡還有一份她放進去加熱的冷凍食品。我意識到讓她住在家裡，我的房子可能會被燒掉，便對她說她必須另外找地方住了。

如果是以前，我會每天過得提心吊膽，暗自希望她早點找到住處；但這一次，我只管讓她知道我的憂慮。結果她不但很快就找到另一個她喜歡的地方，也非常感激我尊重她，清楚地讓她知道我的想法。

善變的女人

我那時還是單身，正在和一個女人交往。她總喜歡在最後一刻取消約會，而我就像電影《淘金熱》裡的卓別林一樣，覺得孤獨而自憐。我會跟她說：「沒關係，我自己一個人沒問題。」但心裡其實非常失望、不高興，卻不敢表露出來，因為我擔心如果我顯得太小家子氣，她可能會跟我一刀兩斷。我按照指示做了轉念作業，憤怒地批判她，寫下我對她的想法，然後問那四個問題，並將自己的念頭反轉過來。雖然有所領悟，但是她不願見我時，我仍然覺得很難受。接著在某個星期六晚上，當我走近我空蕩蕩的房子時，感受到一陣輕微的激動，彷彿我正要去見某個很有意思的人。我有些困惑，難道我忘了家裡有客人？接著我突然想到，我即將在家裡見到的那個有意思的人，就是正在向他走去的這個人。當時這似乎是件小事，但從此以後，那份孤獨的感覺再也沒有出現，而那個善變的女朋友也不再取消約會。現在，她成了我善變的妻子。

和老朋友見面的全新體驗

我認真地質疑自己的想法好一段時間了——大部分是針對我的前妻。現在，即使我不是有意識地進行轉念作業，意想不到的真相也不斷出現。有一天，我和一位七、八個月沒見的好友一起吃午餐。我很尊敬這個人，每次見到他我都很高興，不過這次跟他的會面和往常不同，給了我一種全新的感受，我覺得自己和他的關係比過去任何時候都要親密。我注意到，他的表現其實和以往沒什麼不同，有所變化的是我的內在，我的念頭正在自行瓦解。例如，我發現當我向他提起我最近完成的某件讓我非常自豪的事情時，我並不在意他是否欣賞我做得有多好；我們在聊天時，他的手機響了，便接起電話，而我注意到自己並未覺得被冒犯了——事實上，當他在跟他的同事講電話時，我發現自己很喜歡他，因為我了解到，他是個認為電話一響就該接聽的人。

聽著我自己在跟他聊天，我十分強烈地意識到這次談話和上一次不同。上一次，我整個人好像坐在椅子邊緣，身體往前傾向他，一刻不停地尋求他對我的認可。當他對我說的東西似乎不太感興趣時，我就會覺得難受，悶悶不樂的，什麼都不想再說；如果聊天聊到一半，他跑去接電話，我就會覺得被冒犯。可是這一次，這些感覺全都消失了，我領悟到自己對他一無所求，一點也不在乎他對我說的話有沒有興趣，因為**我**對我的話感興趣，**我**認可我自己，**我**自得其樂。事實上，大部分的時間我都在聽他說話。他的話有些很有意思，有些不怎麼吸引人，但在整個談話過程中，我心裡充滿了對他的愛，那才是最重要的。而且，我甚至還沒針對他進行轉念作業呢！

一個精采的故事——在它還沒結束前

五年前，我在短短兩星期內先後經歷父親自殺、失去工作，以及伴侶離我而去，和剛搬到隔壁的女人在一起。他和他的新情人不斷讓我想起發生在我身上的事，我彷彿被關進了水牢。我看著他倆出雙入對，看著他們一起整理草坪，看著他割她家的草，而不是我家的！進出家門時，我還得看著他們坐在門前的走廊上。我甚至想到，我能感覺他們就在緊臨我廚房的臥室裡，距離大概只有六公尺。

我哀求他回來；我威脅他如果離開我，就會遭到報應；我請求那個女人讓他回家；我請求他母親説服他回到我身邊；我讓孩子去求他回來；我真的跪在他們的車道上，求他不要在這種時候丟下我不管。我乞求憐愛、博取同情，希望他回到我身邊來彌補我——無論要花多少時間。我希望他和我一樣受苦。

唉，他沒有回來，一點也不想施恩於我。他正在熱戀，快活得很呢。直到針對他填寫了「批評鄰人的轉念作業單」之後我才發現，我本來是想懲罰他，結果真正懲罰到的卻是我自己！而且不只是我，還有我的孩子。如果我讓他去做他必須做的事，我就可以繼續過我的日子，而不是試圖讓他難受（有誰想回到一個試圖讓自己難受的人身邊？）。「他應該回到我身邊」——這是真的嗎？不，我不這麼認為。當我這樣想的時候，有什麼反應？我會憤怒、痛苦，對他深惡痛絕，使盡手段操控他。而這個念頭的反轉句簡直棒透了，尤其是「我應該回到我自己身邊」，這句話像閃電般擊中我。我有一輩子等著我去過，還有我可愛的孩子呢。一旦我真正看清這一點，親密關係破碎造成的傷痛開始癒合。我沒有把孩子的童年時光全用來為他的離去而悲傷；我比過去花更多時間和他們一起玩耍，為他們唸書、説故事。

我的前任伴侶必須為他自己選擇，跟隨他內心的想法，而不是按照我的意圖去做。轉念作業讓我明白，他負責他的快樂，我負責我的，世上所有自以為是的痛苦都無法改變這個事實。從我開始認真質疑自己的想法那天起，痛苦就停止了。我終於明白，讓我痛苦的不是我的前任，而是我自己的思想。我放棄了折磨和操控他的企圖，放棄了想讓大家看到我有多可憐以贏得同情的企圖。我終於了解到，他拋棄了我一次，我卻拋棄自己上千次——隨後四年的每一天，我都在拋棄自己。

轉念作業讓我自由，我的頭腦變得清晰無比。現在，我可以嘲笑自己，並且為他感到高興。這個故事還在繼續的時候是很精采，但好傢伙，自從放下它之後，我的感覺好太多了！

因爲我正在這樣做

以前我常常威脅要和他分手，現在我明白這沒有我的事。我了解到，只要我還跟他在一起，我就必須跟他在一起；只有當我真的跟他分手時，我才需要離開。而到目前為止，我還沒有跟他分手。真是太酷了！這是自從我開始質疑自己的念頭後，發生在我身上最好的事情之一。它給了我許多自由，我再也不擔心：「我在這裡幹麼？我是怎麼了？」我和他生活在一起，因為我現在正和他在一起。就這樣。在我最難受、念頭像瘋了般不斷湧現的時候，至少我能指望這一點。這是一座平靜的小島，上面有我可以立足的堅實大地。

愛發脾氣的同事

我有個同事常常發脾氣，每次她發火時，都會激起我的防禦反應。但是這個星期她又跑來跟我抱怨時，我完全不為所動。我知道她的憤怒和我沒有任何關係，因此可以用愛來對待她。當我跟她說她抱怨得很有道理時，她的憤怒被驅散了。她對著我苦笑，就像個被活逮的頑皮小孩。

對母親的怨恨轉爲愛

我怨恨我母親病了這麼久，我怨恨她帶給我父親和我沉重的負擔。過去我常常覺得很痛苦，因為我認為我們犧牲了自己的時間來照顧她，她卻毫無感激之心。在我針對自己那些跟母親有關的痛苦念頭做了幾個月的轉念作業之後，我意識到我是個騙子！我照顧母親並非出於對她的愛，而是為了得到他人的關注，才扮演一個「受苦的好女兒」。我為了讓別人同情我，編造了這個偉大的故事，可是一直以來，只要聽到她電話裡的聲音，我就覺得不耐煩。一旦識破自己的幻覺，我發現我母親是個很完美的女人，儘管大半輩子都在生病，她的內心卻十分堅強、獨立，且充滿了愛。我愛上了我母親，渴望陪在她身邊，為她做任何必要的事。在她臨終前的最後三天，我坐在她身旁，心裡充滿了愛。對於自己可以在母親還在世的時候愛她，我覺得非常快樂。

瘋狂的婚外情

我想和我的情人瘋狂做愛，被他愛撫，和他有更刺激的性愛（跟我丈夫比起來）。我想藉由違反社會規範的行為，讓自己的生命重新燃燒。我希望我的情人認為我是個愛冒險、性感、年輕又美麗（我快四十歲了）、聰明、善於表達、在各方面都很有吸引力的女人。我努力表現完美，隨時隨地回應他的需求（大部分都和性有關），無論遇到什麼不愉快的狀況，我都不會感情用事。我在我丈夫周圍精心編織了一張謊言的網，以隱瞞我的背叛；我假裝迎合情人的每個需求，因為我怕被拒絕；我完全按照他對我的期待去做，那是我唯一知道可以贏得他的心的方法。沒想到，結果卻事與願違，這樣的做法產生了意料之外的排斥效應，我所做的一切非但沒有贏得他的心，反而讓他離我而去。

在這個過程中，我一點也不喜歡自己，受害於我對自己的期待。對丈夫的背叛，是我內在缺乏信任和安全感的一種形式；而我也因為讓自己的自尊心低落，而背叛了自己。我無時無刻不感到愧疚，不停地違背自己的底線，並因此懲罰自己。我完全沒有活在當下，總是希望事情變得不同。我希望我丈夫更加狂野而性感，像我的情人一樣；然後，我希望我的情人像我丈夫一樣穩定、可靠。

光是注意到我有多不顧一切地尋求愛與認可，我的生活就發生了巨大變化。我突然覺得心裡充滿了愛，滿得都快溢出來了。和情人分手後，我意識到我最終只能屬於自己，這讓我和所有人的關係都有不同程度的改善。

以前我一直覺得我丈夫很自我中心，因此怨恨他；現在如果腦子裡出現這樣的念頭，我會質疑它。我喜歡讓自己像個憤怒的小孩一樣，無所顧忌地寫下我對他的批判，然後探究我的每個想法，並把它們反轉過來。我喜歡讓我丈夫做他自己，不想改變他。現在對他說「不」，比過去容易得多，而且感覺很不錯。

現在我知道愛來自我的內在。當下每個時刻的本來面目都非常珍貴，而那些讓我憤怒或痛苦的念頭都在教我如何更深入地向內看。例如，以前我會希望我丈夫不要那麼常出外旅行，但現在無論他在不在家，我都過得很好。他做些什麼是他的事，很少影響我內心的快樂。

現在，即使我被侮辱、責備、吐口水、咒罵（我有處於青春期的小孩），內心的平安依然不受擾動。只要我質疑那些讓我緊張不安的念頭，就能保持在平靜且充滿愛的狀態。

房子有沒有打掃乾淨都沒關係

我丈夫不喜歡打掃房子。過去每當我覺得受夠了他，就會想著要結束這段婚姻，去找一個更尊重我、更支持我的人；現在我比過去任何時候都投入在婚姻裡，無論房子有沒有打掃乾淨。我了解到，家裡沒有必要時時刻刻都保持絕對整潔，反正它從來沒有完美過。以前它不完美，我們吵得很厲害；現在它不完美，而我擁有平靜。

一念之轉

我利用週末一口氣讀完了《一念之轉》這本書，看得幾乎廢寢忘食。星期天，我開始覺得妻子和小孩對我體貼得很詭異，好像那天是我生日一樣。最後我忍不住問妻子：「怎麼啦？你們在搞什麼鬼？為什麼都對我這麼好？」

我妻子瞪著我看了一會兒，笑道：「我們沒做什麼特別的事啊，你才是那個變了的人，你比過去親切多了。」

清理馬桶而升起的感激之情

過去我們一家人常因家務事爭吵。都是我一個人在打掃房間、洗碗、洗衣服、清理浴室和馬桶，而且我是家裡唯一有全職工作的人，這簡直讓我快要抓狂。但就在我開始每天固定進行轉念作業的不久之後，有一天，我正在清理馬桶時，突然覺得對生命充滿無比的感激，因為清理馬桶意味著我是個為女兒們提供食物的好母親，我在清理的是經過她們美麗的身體轉化過的食物。我不再在意誰打掃或誰沒打掃，只是聽從自己內在的指引。從那以後，我們家有越來越多人開始對打掃浴室感興趣。這真是神奇。

不再試圖把自己塑造成聖人

我喜歡去教會。我一直希望教會裡的人把我看作像耶穌或德蕾莎修女那樣，而不只是一個信主的人；我希望在人們眼中，我不僅是個好人，而且渾身散發金色的光芒，就像《天使有約》這部影集裡的天使一樣；我希望每個人都沐浴在我的美好之中，並且有點羨慕我，因為他們還沒得到我擁有的這些。我知道這聽起來很可笑，但多年來，我在那些我深信能讓我呈現出這種樣貌的事情上投注了全部心力。

後來，我到一座女子監獄去教課，一星期一次。我從未花時間傾聽那些女人在說些什麼，或是去發現她們有什麼感覺，因為我總是想教育她們，想讓她們把我當作偉大而神聖的老師。某天晚上，一名婦女撲倒在地，開始尖叫，哭著說她殺死了自己的孩子。她極其痛苦地哭喊了好幾個小時，突然間，我意識到我從來沒有聽她們說話，從來沒有和那些女人有過任何連結，只對她們如何看待我有興趣。也許她們需要被寬恕，也許她們希望有人讓她們知道，她們很好，無論她們做過些什麼，都可以繼續生活下去。哦，不，恰恰相反。是我需要被寬恕，是**我**需要**她們**讓我知道我很好，無論**我**做過些什麼，都可以繼續生活下去。我明白了。

我的傲慢讓我十分震驚。我突然意識到，這麼多年來我一直在自我欺騙，這讓我對自己非常失望。這個衝擊讓我開始質疑那些導致我如此不誠實的念頭。我非常想要發現自己的真相，每天都會寫數十張轉念作業單，其中很多是關於我對神的怒火，因為祂讓這個世界和我的生活出現那麼多苦難。

我不再參加那些有觀眾的義工活動，只繼續擔任一對一的志工；我為自己和他人免去看我表演的痛苦，不再試圖做耶穌；我越是質疑自己的念頭，就越滿足於做我自己；我不再為自己的痛苦責怪神，開始真正為自己的生命負責。

現在我覺得平靜很多。我不必為了向他人證明我的價值，而去做任何事——知道這一點感覺真好。我開始看到自己的優點，不再為了贏得他人的崇拜和認可，而試圖把自己塑造成聖人。大多數人現在都喜歡和我在一起，因為我愛笑，那會讓他們也跟著笑。或許我永遠不會是聖人，但我不必成為聖人。今天的我比過去快樂、友善許多，我真的開始喜歡自己了。

轉念，讓我的規矩瓦解

我有許多規矩，其中之一是：他要出門時必須吻我，如果他沒吻我，我會把他叫回來，讓他吻了我再走。做愛也有規矩：如果他想做愛，我從不拒絕；如果我想做愛，他可以拒絕，不過我會怨恨他。另一個規矩是他必須愛我的小孩，對他們好；如果他沒做到，我就會跟他吵架，或者完全不理他。還有個規矩是他應該負責做一些「男人的事」，例如倒酒、換插頭、準備烤肉等。如果他讓我來做這些事，我會很不高興。另外，他很喜歡做菜，但因為他做的方式和我不一樣，我常常嘮叨到他放棄，這樣我就可以按我的方式來做了。

自從我開始把轉念作業當作每天要做的事之後，一切都改變了。我允許他吻我，如果這是他想要的；假如他沒吻我，也沒關係。如果我要他和我做愛，我會告訴他；如果他拒絕，我不會覺得難受或怨恨；而假如他想要我卻不想，我會很自在地說「不」。我愛我的小孩，但他不必和我一樣，那是他的事，如果他不願花時間和他們在一起，我可以接受（如果他願意花時間和他們在一起，我當然很高興）。他願意倒酒就倒，不然我倒也沒關係。換插頭或準備烤肉也一樣。還有，現在我很喜歡他做的菜。

我開始了解到，愛從未走遠——沒有什麼不是愛。雖然我還無法一直抱持這份理解，但我越來越能夠體驗到它。我還是會出現「我需要你的愛」這類念頭，但緊接著，我會發現自己在問：「這是真的嗎？」然後，我微笑了。

與泰迪熊共舞

我的伴侶拒絕和我做愛已經一個月了，這讓我覺得很痛苦、很受傷。某天晚上，我質疑了「我需要他認為我有魅力」「我們應該做愛」這類念頭，很快地，我發現自己一個人也很開心，我根本不需要他和我做愛，甚至不必自慰。我穿著睡衣和襪子，沒有化妝，與我的泰迪熊共舞，被耳邊一首關於愛和感恩的歌曲深深感動。我和自己相處得十分愉快。他回家後，站在那裡怔怔地看了我一會兒，然後把我拉進臥室。在我花了好幾個星期試圖説服他和我做愛之後，我們在一起度過了一段非常甜蜜美妙的時光，簡直棒透了。

在這件事裡面，我最喜歡的是我體驗到的那份平靜——光看到他回來就很快樂。我喜歡這樣的簡單，喜歡自己沒有企圖表現性感，或者刻意展現自己去勾引他。我喜歡和我及我的泰迪熊在一起，也喜歡跟我的男人共處。

我仍然在針對「我可以用自得其樂來操控他和我做愛」這個念頭進行轉念作業。我了解這不是真的。當我真正對自己很滿意時，的確什麼也不需要，而這是否會讓他想和我做愛，就不是我能控制的了。

過去我們經常爭吵

過去我們經常爭吵，而現在當她生我的氣時，會填一張「批評鄰人的轉念作業單」，然後把她所有的抱怨唸給我聽。我知道如果我聽不進她對我的看法、無法發現它們全部為真、沒有告訴她對在哪裡，為什麼對（通常，她知道的不到一半！），那麼無論我此刻對她有何看法，我都是那個有問題的人。假如我真的聽進去了，找到她說對的那些地方（她從沒錯過），那麼無論問題是什麼，都會消失得無影無蹤。事實上，只要我真心去做，而不是把這當作一種技巧，她通常會說：「**我**也做了我指責你的那些事，例如……」

過去我妻子總害怕告訴我那些讓人心煩的事，但現在她知道什麼都可以對我說，而最終的結果（有時是馬上出現，有時則要花幾個小時）是：我們變得更親密了。

以前我常常抱怨我想要她去做、她卻沒做的事（只在心裡抱怨），尤其是在性方面。我會因此怨恨她、罵她，故意找她碴，結果讓我們兩個都很不開心。我不跟她說我對她的不滿，是因為我擔心如果她聽到我們的婚姻沒有達到我的期望，會覺得心煩意亂。

現在我知道我並不需要我想要的那些東西。我可以提起我對她的期望，就當是在聊天，而不是對她的要求。這讓我可以認真聽她說話，並且真正理解她想表達的意思，而不是把她不願意的那些理由當作引起我問題的原因。如果她對我說的話有反應，顯得很不高興，我既不會想避開，也不會覺得我必須做點什麼來讓她感覺好一點。

以前我常常認為，性是讓人接受並喜歡我的一種方式，因為我能給她們歡愉。現在它更像一場對話，而超越了「誰能為誰做些什麼」（儘管有時那也是遊戲的一部分），它更像探索我親密關係其他面向的一種方式。

放棄當神的顧問

做了轉念作業後，最讓我感到意外的，是和我自己關係的改善。現在我喜歡跟自己在一起，經常開懷大笑，或者只是為這其中的美哭泣。有時候，我會陷入一個讓我充滿壓力的想法裡，但隨後它就在我的笑聲中化解了。當我意識到過去那些我以為自己很重要（其實一點也不）的時刻，我體驗到謙卑，也喜歡這份體驗。過去我常常混淆了我的事和神的事，而放棄當神的顧問後，我感到格外輕鬆。

現在生命似乎只是流過我，我注意到我正在做的，然後留意到下一件事；我似乎不太做計畫，但該做的都做了。

利用給人建議來尋找認可

以前我常常提供朋友建議，告訴他們該如何過日子，結果我花了那麼多時間和精力給人建議，卻沒人要聽，也沒有任何人在我遇到困難時支持我，這讓我很生氣。但現在，我覺得那樣的想法很可笑，因為我了解到，沒有幫助我、支持我的是我自己！當我開始質疑自己的思想、不再操縱友情的時候，有一些友誼消失了，另一些關係則變得比過去更深厚。

擁抱丈夫的消極

過去我很討厭我丈夫的消極，現在則敞開懷抱接受，因為那讓我看到**我自己**內在的消極面。我了解到，如果我不相信那些覺得我丈夫很消極的想法，就不會心情不好。現在當他批評我時，我不會「關機」，而是認真傾聽他要說的話，並且總能發現他說得沒錯。我逐漸認識一個很棒的男人——在跟他一起生活了九年之後。

妻子忘了來接我，不代表她不愛我

我的轉念作業故事很簡單，但是它幫助我消除了三十多年來持續影響我和他人關係的某個障礙。

我必須賺錢養活妻子和一個大家庭。每天早上，我妻子會開車送我到渡口，讓我進城工作，晚上再來接我。有時候她會遲到，另外還有幾次——特別是她在為某個舞團工作時——她來得很晚，或者完全忘了要來接我，因為她全神貫注在工作上。

每當發生這種事情時，我都很不開心，覺得她不愛我、不感激我每天都為了養活這個家辛苦工作，而她卻在做自己愛做的事。那個舞團給她的工資很低，所以我等於也在養舞團。每當她沒來接我時，我都會打電話給她，然後她會為了忘記來接我而道歉，我則會對她大發雷霆，因為我覺得她把那個幾乎沒有報酬的低階兼職工作看得比我還重要。

後來，我發現了轉念作業。

有一天，我問自己：「她遲到就代表她不愛我，這是真的嗎？」我無法確定這是真的。接著我又自問：「我能百分之百肯定她忘了準時來接我就表示不愛我嗎？」我無法百分之百確定。我繼續往下問：「如果沒有『她不愛我』這個想法，我會怎樣？」我會快樂得多，廢話！

我了解到（而且是每天都了解），她的確愛我！我意識到，當渡輪上的所有人都被人接走或自己走回家時，是我覺得自己被丟下的**想法**讓我生氣和難受；如果沒有這些念頭，我根本沒問題。我向妻子解釋這件事，她只是嘲笑我，但她說如果這樣對我有用的話，她會很高興——它確實有用，我在一天結束時不會想要罵她了。

當時，我沒有繼續針對這個問題更深入地質疑。

幾個月後，我弟弟來我們家小住幾天。有一次在聊天時我告訴他，以前我妻子如果遲到我會有多氣，也告訴他我後來的領悟，結果弟弟問我記不記得我們小時候也發生過那樣的事。我一點也不記得了。原來，我們的父母常常忘記要來學校接我們，而同樣的事情也發生在我們初出茅廬、找到第一份工作時。經他一提，那被我封藏的記憶像洪水般湧了出來。我想起過去我常常因為是最後一個被接走或不得不自己走回家，而覺得糟透了。通常我聽到的藉口是「我忙著工作」（我父母有自己的公司），而有時候不但沒有藉口，連一句「對不起」也沒有。

一想起這件事，我再次意識到我妻子是愛我的，即使她忘了來接我，也不是因為她不在乎我。我了解到，那些讓我生氣的念頭只是念頭而已，它們和我妻子沒有任何關係。

從那以後，我開始每天做轉念作業，審視自身想法。它讓我更清明、更樂意接受已發生的事，而不是認為所有事情都是衝著我來的，這樣想只會白白讓自己難受。這並非什麼了不起的心靈覺醒，我也不是個不受日常瑣事打擾的聖人，但現在我擁有很棒的工具，它讓我可以對付任何令人感受到壓力的狀況。我還是有心煩意亂的時候，但我再也不必留在那種心煩的狀態裡了。

不再需要被崇拜

我要湯姆永遠是我最好的朋友，永遠不會為另一個女人離開我；我要他多和我做愛、關注我、送我禮物，一遍又一遍地對我說他永遠愛我，我是他的靈魂伴侶；我為他留長髮，因為他覺得長髮能挑起他的欲望；我減了十多公斤，因為他喜歡我苗條一點；我甚至去研讀《聖經》，因為他很熱中；我盡一切可能討他歡心，從來不對他說「不」，因為我認為愛從不說「不」（現在我不太相信這個說法了，但那時我是這麼認為的）。

我在我並不快樂的時候，告訴他我很快樂。

有一陣子，我很喜歡被湯姆崇拜，喜歡他認為我很聰明、善良又美麗。那時候，他每天都會徵求我的意見，讓我覺得自己很有影響力。當他對我的認可開始減少時，我竭盡全力，企圖贏回他的認可。那真是個永無止境、讓人筋疲力竭的輪迴。

就在這個時候，我的一個女性朋友介紹轉念作業給我，從那以後，我們就常常在一起「做作業」。我花了一段時間才找出拖垮我的念頭：**我需要湯姆的認可**。然後，我用四個問題質疑這個念頭。

現在我了解到，儘管我依然愛著湯姆，但我不再**需要**他，當然也不需要他的認可，我有我自己的認可。生平第一次，我坦率地說出當下我想要和不想要的。這意味著我不再聽他讀《聖經》（但我想讀的時候，自己會去讀），另外，我還把頭髮剪得很短。有趣的是，湯姆更喜歡我的短髮，覺得我這樣看起來很性感。我逗他說：「你本來還認為我該留長髮呢。」現在我們過得比以往任何時候都要快樂。

對前男友的期待

兩星期前，我的前男友來我這裡玩，這通常會讓我很難受。在我眼裡，他是個英俊挺拔的男人，每次他來找我，都會攪亂我的心，因為我希望他仍然是我的男友。不過這一次，我針對自己的念頭做了轉念作業，所以和他在一起時，我的心裡可以沒有任何期待。我的確察覺到「我希望他仍然是我男友」的念頭，但我馬上了解，他仍然是我男友，畢竟他此刻就在這裡，那他不是我的男友是什麼？

他一直不停地說自己的事，說他的前妻有多糟。我注意到他對我要說的事情完全沒有興趣，只想告訴我他的前妻如何不好。他說的那些聽起來跟他幾年前常對我說的故事沒什麼兩樣。他看起來那麼帥，但我發覺我對他要說的話也不感興趣。於是我在地板上躺了下來，單純去聽他說話的聲音，就像聽音樂一樣。我既不鼓勵他，也沒附和他那個傷心的故事——這些都是我過去經常做的事。

他也在我身邊躺了下來，並且開始愛撫我。我告訴他我不想和他做愛，儘管那似乎很吸引人。他說我很會吊人胃口，我微笑地說他也許是對的。要離開的時候，他擁抱了我，我們接吻了，然後他說他會打電話給我。如果是以前，我會天天期待他的電話，每次電話鈴響，我都希望是他；然而這一次，我不會那樣做。

我不知道如果他打來，我會如何反應，這不是我能預測的，因為它此刻還沒發生。對他，我只有愛的感覺，因為我很清楚我不知道他該做什麼、不該做什麼；我真的不知道什麼事情該發生、什麼不該發生。我為我擁有如此豐富的一切而心懷感恩。

女兒原諒我了

我的第一次轉念作業體驗和我女兒有關。那時她十九歲，十分怨恨我在懷她的時候還在吸毒。其實從她三歲起，我就已經不再吸食毒品了。我非常渴望她能原諒我，便針對她寫了一張轉念作業單，其中一句是：「無論過去發生了什麼，我要她對我有愛心。」反轉過來變成：「無論現在發生了什麼，我要對她有愛心。」不管她對我有多憤怒、仇視或怨恨，我要我對她有愛心。了解這一點太重要了！它讓我明白，或許她永遠無法原諒我在她還待在我的子宮裡時就讓她承受風險，我也承認她可能永遠都會生我的氣，對此我毫無異議，因為那是事實。

幾個月後，她了解到我在戒毒上面的重大進展，了解到我在撫養她這件事情上做得很好，是我把她從她父親那個滿是毒品的家帶了出來，讓我們的生活轉往更健康的方向。她對我說，她愛我，而且原諒我了。

真正體驗到我一直在「性」之中追求的東西

過去我常想，唯有找到靈魂伴侶，我才可能真正快樂。我結了三次婚，離了三次，因為那幾段婚姻那麼不完美！然而透過轉念作業，我不但找到自己，還發現每一任丈夫都是我完美的伴侶，少了其中任何一個，我都不是今天的我。

我注意到的另一件事情是，過去我從未做過愛，我有過的只是性行為。當我將轉念作業應用在我的生活之後，我找到方法讓自己全然投入做愛之中，享受過程裡的一切，而不會有「我是否讓我的伴侶滿意」或「我是不是太胖或太老」等念頭。我發現我不需要另一半的認可，開始享受我從未有過的快樂。我非常清楚地記得這一點，因為我哭了。我真正**感受到**另一個人的身體，並體驗到我這輩子一直在「性」之中追求的東西。這真是太迷人了！而我所要做的，只是去質疑自己的念頭，然後讓它們放了我！

無所求的愛

我的另一半很想讓我跟她去見她的新朋友，她很喜歡這個朋友，而且覺得我也會喜歡。但我們似乎一直找不到一個大家都有空的時間，所以我建議我自己抽空去見她。聽到我這麼說，我的伴侶驚愕地發現我的建議讓她產生了一大堆恐懼的念頭，例如：「他們兩個會成為好朋友，比跟我還要好。」「他會離開我，和她在一起。」我們立刻停止跟新朋友見面的計畫，一起坐下來審視那些念頭。最後她領悟到一件對她而言非常重要的事——她直視著我的眼睛，對我說：「我不需要你。」我也對她說：「我不需要你。」因為在那一刻，我發現我也有同樣的感覺。對我們來說，那是無比親密的時刻，我感覺到和她之間有一種廣闊無邊的交流，一種毫不費力、沒有承諾也沒有交易的緊密結合，跟她在一起就像跟我自己在一起一樣。那就像在母親的子宮裡輕輕搖晃，如此安全。這似乎成了我們關係的真正基礎，既美好又真實。當我忘了這一點時，我覺得很痛苦，然後這會提醒我去找出那些奪走我的安寧的念頭。

我特意選擇一些普通例子，希望你了解到**任何人在任何情況下都可以做轉念作業**。一旦你注意到質疑自身想法這個非常簡單的祕密，你會發現，你要不是正快樂地過日子，感受到愛，並且做著你想做或你喜歡做的事，不然就是遇到挫折，然後你就針對讓你和現實分離、讓你體會不到愛的那些念頭做轉念作業——那四個問題和反轉句會讓你重新回到快樂的生活裡。最終，轉念作業成了一件很簡單的事，成了一種維持快樂人生的方法。

“當你相信了某人應該愛你的那個念頭時，你的痛苦就開始了。我常常說：「如果我要祈禱，我會說：『神啊，免除我對愛、認可或讚賞的渴望吧，阿們。』」”

第十二章　你就是愛

這一章描述對愛的體驗——當愛如此堅定地在你內心扎根，它之外再也沒有任何事物了。

愛就是你，你本身已經是愛了；愛不追求任何事物，它已然完整；愛既不想要什麼，也不需要什麼，它裡面沒有「應該」二字；愛已經擁有它想要的一切，已經**是**它想要的一切，分毫不差、完全相符。所以，當我聽到有人說他們愛某人，然後希望那個人也愛他們時，我知道他們說的不是愛，而是別的。

有時候，你似乎用愛換得了此刻那個讓你充滿壓力的念頭，但那只不過是你短暫進入了幻覺。尋求愛讓你覺察不到愛，但你只是失去了對愛的覺知，並非失去愛。對此你沒有選擇，因爲我們每個人本身就是愛，那是不可改變的。當你開始探究你那充滿壓力的思考過程，讓你的頭腦變得清晰時，愛會湧入你的生命中——對此，你一點辦法也沒有。

愛無條件地連結一切。它不會避開惡夢，反而會期待惡夢出現，然後仔細審視它們。除非放掉你希望從伴侶那裡得到些什麼的念頭，否則你不可能和任何人結合。無所求的結合才是眞正的結合。當你可以無所求地愛一個人時，就好像有人對你宣布：「中了！你中樂透了！」

如果我想從我的伴侶那裡要些什麼，我會直率地開口。如果他說「不」，而我覺得不舒服，我就需要檢查一下我的念頭，因爲我其實已經擁有一切。我們都已經擁有一切，這就是我可以這麼舒服地坐在這裡的原因：我不想要任何你不想給我的東西。如果你不想給，我甚至不想要你的自由，不想要你的平靜。

你體驗到的眞相，讓我能和你結合。你就是這樣觸動我的。而你是那麼深切地觸動了我，讓我熱淚盈眶。我已經和你結合在一起，你別無選擇了；而我一遍又一遍地和你結合，永無止境，毫不費力——這就叫「做愛」。

愛不會排除一絲微風，不會排除一粒細沙或一撮塵土，它全然地愛自己，沉浸在從無窮無盡的萬事萬物中認出自己的喜悅裡。愛擁抱一切，從殺人犯、強姦犯，到聖人，到小貓小狗。愛是如此廣闊無邊，你只有讓自己完全消融其中；愛是那麼浩瀚無窮，除了成爲愛，你什麼也做不了。

附錄　轉念作業進階工具

下面要介紹的是轉念作業的四個問句及幾個後續問題，這些後續問題在你探究某個頑固的想法時，或許會有幫助。

1. 這是真的嗎？

如果你的回答是「不」，請跳到問題 3。

而針對問題 1，可以參考的後續問題是：

- 實際狀況是怎樣？它發生了嗎？（當你探究的想法中包含「應該」這個詞時——例如，「我丈夫應該聽我說話」「這件事不應該發生」——這往往是你要問的第一個問題。轉念作業只涉及事實，所以在他沒有聽你說話的時候認為「他應該」聽你說話，就是一個與事實爭辯的想法。當你在審視何者為真時，這個想法對你一點用也沒有。丈夫應該做的就是他正在做的，因此，在你認為他的確在乎之前，「他應該在乎——這是真的嗎？」這個問題的答案永遠是「不」。同樣地，「這件事不應該發生」這個念頭也不可能是真的，除非它沒有發生。）

2. 你能百分之百肯定這是真的嗎？

可以參考的後續問題是：

- 你能比神／現實知道得更多嗎？
- 你在管誰的事？
- 從長遠來看，你能確定什麼對他／她／你是最好的嗎？
- 你能百分之百肯定，如果得到你想要的，你就會更快樂，或者你的生活會變得更好嗎？

3. 當你相信這個想法時，有何反應？

可以參考的後續問題是：

- 當你相信這個想法時，你身體的哪些地方受到影響？哪些地方會有感覺？請描述一下。當你在想這個念頭時，你的感覺告訴了你什麼？允許你的感覺存在，並留意你身體受到影響的範圍有多大。那些感覺把你帶到哪裡？

・當你相信這個想法時，你的腦子裡浮現什麼畫面——如果有的話？

・當你相信這個想法時，你如何對待他人？具體而言，你對他們說了些什麼？你做了些什麼？你的頭腦在攻擊誰？如何攻擊？請盡可能詳細描述你的反應。

・當你相信這個想法時，如何對待自己？這時你的癮頭是不是犯了？你是不是會去吃東西、喝酒、花錢、看電視？你有怨恨自己的念頭嗎？那是些什麼樣的想法？

・當你相信這個想法時，你是如何過日子的？請具體描述。回到你的過去。

・當你相信這個想法時，你想到些什麼？

・當你相信這個想法時，你在管誰的事？

・這個想法為你的生活帶來的是平靜或壓力？

・抱持這個想法讓你得到了什麼？

・你能發現一個放下這個想法的理由嗎（但請不要試圖放下）？

・你能發現一個完全沒有壓力的理由，來保留這個想法嗎？如果你的回答是「可以」，請列出那些理由。那些理由真的完全零壓力嗎？而壓力又是如何影響你的生活和工作？

4. 沒有這個想法，你會怎樣？

可以參考的後續問題是：

- 如果不相信這個想法，你會是怎樣的人？
- 閉上眼睛，想像你和那個人在一起（或是在那個狀況中），但腦子裡沒有這個想法。描述一下自己的感覺。你看到了什麼？
- 想像你第一次和那個人相遇，心裡對他或她沒有任何看法。你看到了什麼？
- 坐在這裡，腦子裡沒有這個想法——**此刻**的你是怎樣的人？
- 沒有這個想法，你會如何過日子？假如你無法想這個念頭，你的生活會有什麼不同？
- 沒有這個想法，你對待他人的方式有何不同？

將這個想法反轉過來

句子可以轉向自己、轉向他人，或轉向反面。在你的生活中找出三個例子，說明反轉句同樣爲眞或更加眞實。所舉的例子要具體，而且越詳細越好。

可以參考的後續問題是：

- 這個反轉句和你原先的陳述比起來，是否同樣為真或更加真實？
- 你目前在生活中的哪些地方體驗到了這個反轉句？
- 如果去實踐這個反轉句，你會做些什麼？或者，你會有什麼不同的生活方式？
- 你有看到其他同樣為真或更加真實的反轉句嗎？

批評鄰人的轉念作業單

批評別人，把內容寫下來，然後問四個問題，並把它反轉過來。

在下面的空白處，填寫跟某個你還無法百分之百原諒的人有關的事**（先不要寫你自己）**。用簡短的句子寫下你的想法，不要克制自己——允許自己表現得吹毛求疵、小家子氣。盡量讓自己充分體會那憤怒或痛苦，彷彿事情就發生在此刻。利用這個機會把你的批判表達在紙上。

1. 誰讓你感到憤怒、**挫折**、**迷惑**？**原因是**？**誰激怒了你**？**他有哪些地方是你不喜歡的**？

（例如，我對保羅感到很生氣，因為他不肯聽我說話、不肯定我，我說的每件事他都要反駁。）

我對（人名）＿＿＿＿感到＿＿＿＿，因為＿＿＿＿＿＿＿＿＿＿＿＿

2. 你要他如何改變？**你要他做些什麼**？

我要（人名）＿＿＿＿去做＿＿＿＿＿＿＿＿＿＿＿＿

3. 他應該（或不應該）做、想、成為或感覺到什麼呢？你想給他什麼樣的建議？

（人名）＿＿＿＿應該／不應該＿＿＿＿＿＿＿＿＿＿＿＿＿＿＿＿＿＿＿＿＿＿＿＿＿＿＿＿＿＿＿＿＿＿＿＿

4. 你需要他怎麼做，你才會快樂？

我需要（人名）＿＿＿＿去做＿＿＿＿＿＿＿＿＿＿＿＿＿＿＿＿＿＿＿＿＿＿＿＿＿＿＿＿＿＿＿＿＿＿＿＿

5. 此刻，他在你心目中是怎樣的人？請詳細描述一下。

（人名）＿＿＿＿是＿＿＿＿＿＿＿＿＿＿＿＿＿＿＿＿＿＿＿＿＿＿＿＿＿＿＿＿＿＿＿＿＿＿＿＿

6. 你再也不想跟這個人經歷到什麼事？

我再也不想＿＿＿＿＿＿＿＿＿＿＿＿＿＿＿＿＿＿＿＿＿＿＿＿＿＿＿＿＿＿＿＿＿＿＿＿＿＿

第六個陳述的反轉

轉念作業單裡第六個陳述的反轉跟其他反轉句有些不同。「我再也不想和保羅吵架了」反轉過來變成：「我**願意**再和保羅吵架，我**期待**再和保羅吵架。」

反轉第六個陳述的目的，是要讓你張開雙臂接受你所有的想法和體驗。如果你對某個念頭產生抗拒，你的轉念作業就沒有完成。當你眞的期待去體驗曾讓你難受的那些事情時，你的生活將不會再有讓你恐懼的事——你會把每件事都當作禮物，一件可以爲生命帶來愛、歡笑和平靜的禮物。

練習管好自己的事

【練習】把想開給別人的處方開給自己

當你覺得憤怒或不高興，且聽到自己在說著或想著「他（她）應該＿＿＿＿＿，他不應該＿＿＿＿＿，他需要＿＿＿＿＿」等等，請停下來問問自己：**這是真的嗎？我能確定他應該那樣嗎？我在管別人的事嗎？**然後把那些念頭反轉過來，變成「我應該

______，我不應該______，我需要______」等等。把你想開給他人的處方開給自己，看看會發生什麼事。

【練習】你的建議只能給你自己

當你強烈想給別人建議（無論是說出來或在心裡想），或者你發現你認為自己知道某人應該怎樣做才對時，請問問自己：**我在管誰的事**？**有人徵求我的意見了嗎**？**我有可能知道別人應該怎麼做才對嗎**？然後聆聽你自己的建議，並了解到，你的建議只能給你自己。管好自己的事，快樂地過日子吧。

www.booklife.com.tw reader@mail.eurasian.com.tw

自信人生 166

我需要你的愛。這是真的嗎？：「一念之轉」創始人寫給你的痛苦解脫書【經典修訂版】

作　　者／拜倫・凱蒂（Byron Katie）、麥可・卡茨（Michael Katz）
譯　　者／陳曦
發 行 人／簡志忠
出 版 者／方智出版社股份有限公司
地　　址／台北市南京東路四段50號6樓之1
電　　話／（02）2579-6600・2579-8800・2570-3939
傳　　真／（02）2579-0338・2577-3220・2570-3636
總 編 輯／陳秋月
副總編輯／賴良珠
主　　編／黃淑雲
責任編輯／黃淑雲
校　　對／黃淑雲・溫芳蘭
美術編輯／簡瑄
行銷企畫／詹怡慧・朱智琳
印務統籌／劉鳳剛・高榮祥
監　　印／高榮祥
排　　版／陳采淇
經 銷 商／叩應股份有限公司
郵撥帳號／ 18707239
法律顧問／圓神出版事業機構法律顧問　蕭雄淋律師
印　　刷／祥峰印刷廠
第一版　2011年2月初版
最新版　2020年9月初版　　2023年11月15刷

定價350元　　ISBN 978-986-175-565-6　

◎本書如有缺頁、破損、裝訂錯誤，請寄回本公司調換　　Printed in Taiwan

對執著的人來說，輪迴是真的；
對放下執著的人來說，輪迴是假的。

——《所有相遇，都是靈魂的思念》

國家圖書館出版品預行編目資料

我需要你的愛。這是真的嗎？：「一念之轉」創始人寫給你的痛苦解脫書／拜倫．凱蒂（Byron Katie）、麥可．卡茨（Michael Katz）著；陳曦譯.
-- 二版. -- 臺北市：方智，2020.09
320面；14.8×20.8公分. --（自信人生；166）
譯自：I Need Your Love -- Is That True? : How to Stop Seeking Love, Approval, and Appreciation and Start Finding Them Instead

ISBN 978-986-175-565-6（平裝）

1.自我實現 2.人際關係

177.2 109010492